Nicole Brauer

Tiere und Pflanzen in Weiher und Teich

Basisinformationen und Aufgabenblätter für drinnen und draußen

3./4. Klasse

Gedruckt auf umweltbewusst gefertigtem, chlorfrei gebleichtem
und alterungsbeständigem Papier.

3. Auflage 2016
Nach den seit 2006 amtlich gültigen Regelungen der Rechtschreibung
© Auer Verlag
AAP Lehrerfachverlage GmbH, Augsburg
Alle Rechte vorbehalten
© der Originalausgabe unter dem Titel *Lebensraum Weiher und Teich*
bei elk verlag AG, CH-Winterthur

Illustration: Peter Kornherr, Nicole Brauer (S. 46)
Satz: Fotosatz H. Buck, Kumhausen
Druck und Bindung: Franz X. Stückle Druck und Verlag, Ettenheim
ISBN 978-3-403-**06358**-2

www.auer-verlag.de

Inhaltsverzeichnis

Auftragskarten

Einführung

Lebensraum Weiher und Teich

Was du mir sagst, das vergesse ich.
Was du mir zeigst, daran erinnere ich mich.
Was du mich tun lässt, das verstehe ich.

Konfuzius

Ermöglichen Sie Ihren Schülerinnen und Schülern den direkten Kontakt zur Natur. Auch im nahen Umfeld sind fremde Welten zu entdecken: Libellen beobachten, eine Teichmuschel finden, Insektenlarven aufstöbern, Amphibien kennenlernen – solche Erlebnisse wirken nachhaltig und fördern die Rücksichtnahme gegenüber der Natur.
Die Unterlagen sollen Ihnen helfen, mit den Kindern den Lebensraum Weiher und Teich zu entdecken und zu erforschen.

Zeitpunkt

3./4. Schuljahr
Weiherbeobachtungen können prinzipiell das ganze Jahr durchgeführt werden. Je nach Jahreszeit setzen Sie die Schwerpunkte anders.
Frühling: Laich, Krötenwanderung, Nistplätze
Sommer: Libellen, Kaulquappen, Wasserinsekten, Insektenlarven
Herbst: Enten, Pflanzen, Bäume
Winter: Spuren, Vögel, Pflanzen

Wie ist das Werk aufgebaut?
Was beinhaltet Lebensraum Weiher und Teich?

Weiherbild

Das ganzseitige Weiherbild kann als Einstieg ins Thema dienen. Was wissen die Kinder bereits, wie haben sie Weiher und Teich in ihrer Freizeit schon erlebt? Sie können das Bild auch auf A3 vergrößern und evtl. laminieren. Zusammen mit dem AB „Legende zum Weiherbild" (S. 20) erarbeiten Sie die wichtigsten Namen von Pflanzen und Tieren.

Infoheft

Die Kinder gestalten das Titelblatt selbst.
Das Infoheft bietet vertiefte Informationen zu Pflanzen und Tieren rund um den Weiher. Es wird auch immer wieder zum Lösen der Arbeitsblätter eingesetzt.
Vorschläge zu den fehlenden Bildern:
- Tiere und Pflanzen werden auf dem Weiherbild angemalt, ausgeschnitten und eingeklebt.
- farbige Stickers zeigen die Tiere und Pflanzen in fotografischer Darstellung

Arbeitsblätter	Die Arbeitsblätter setzen Sie je nach Thema oder sogar individuell ein.
Aufträge für den Besuch an Weiher oder Teich	Ganz zentral sind die Ausflüge an Weiher und Teich. Das aktive Erleben steht im Mittelpunkt. Die Auftragskarten sollen Ideen geben, womit sich die Kinder vor Ort beschäftigen können. Sie geben die Anweisungen mündlich oder die Kinder lesen die Aufträge auf den Karten Schritt für Schritt durch. Die Auftragskarten sind vier Gebieten zugeordnet: Beobachten, Forschen, Gestalten und Spielen. Tipp: Auftragskarten laminieren; so sind sie für den Außengebrauch besser geschützt.
Weitere Informationen	Entdecken – erleben – staunen! Das sind die wichtigsten Voraussetzungen, damit die Kinder einen verantwortungsvollen Umgang mit der Natur üben. Lassen Sie die Schülerinnen und Schüler selbst Regeln für einen Besuch an Weiher und Teich aufstellen. Naturschutzgebiete eignen sich nicht unbedingt für alle Auftragskarten. Informieren Sie sich an den Orten, die Sie mit Ihrer Klasse besuchen. Oft sind in größeren Naturschutzgebieten Zentren, die hervorragende Informationen anbieten. Erkundigen Sie sich auch bei den Naturhistorischen Museen oder forschen Sie (und natürlich auch Ihre Schülerinnen und Schüler) im Internet.

Lebensraum Weiher und Teich

Dieses Infoheft gehört

Was du noch wissen sollst

Amphibien	Tiere, bei denen die Larven meistens im Wasser leben, und die ausgewachsenen Tiere an Land
Brutstätte	Ort, wo die Vögel ihre Nester bauen, Eier legen und diese ausbrüten
Gallerte	durchsichtige, schwabblige Masse, die die Eier von Fischen und Amphibien schützt
gründeln	Enten und Schwäne suchen auf dem Grund des Weihers nach Nahrung
Laich	Eier von Fröschen, Kröten, Molchen und Fischen
Lebensraum	Umgebung, in der sich Tiere und Pflanzen aufhalten
Metamorphose	Umwandlung der Larve in die Form des erwachsenen Tieres (Kaulquappe – Frosch, Libellenlarve – Insekt, Raupe – Schmetterling)
verlanden	starkes Pflanzenwachstum verdrängt das Wasser – kleine Gewässer müssen darum ab und zu „gejätet" werden
Winterstarre	Tiere sind in der Kälte nicht mehr aktiv; sie sind starr, das Herz schlägt ganz langsam

Fische

Der **Karpfen** sucht im Schlamm nach Weichtieren, Kleinkrebsen, Insektenlarven oder vermoderten Pflanzen. Seine Barteln, das sind die 4 fadenförmigen Anhängsel am Maul, dienen ihm als Tast- und Geschmacksorgan.

Er mag warme Gewässer mit Temperaturen bis zu 20 Grad Celsius. Tagsüber ruht er am Grunde des Weihers, in der Dämmerung wird er aktiv.

Im Mai bis Juni legt das Weibchen in der Nähe des Ufers Tausende Eier ab. Die Eier kleben an Pflanzen. Nach 3–5 Tagen schlüpfen aus den glasklaren Eiern kleine Fische. Zuerst ernähren sie sich vom Eidotter, dann von Pflanzen. Bald jagen auch sie im Schlamm nach Würmern und Schnecken.

Auch diese Fische triffst du in Weihern an: Hecht, Aal, Stichling, Rotauge.

Fische sind Räuber und fressen die kleinen Lebewesen auf. In kleinen Weihern kann das problematisch werden. Die Amphibien sterben so aus.

Lebensraum Weiher und Teich

Weiher, Teiche aber auch Tümpel, Bäche und Moore sind wichtige Lebensräume für viele Pflanzen und Tiere. Meistens sind die Tiere gut versteckt. Nimm dir genug Zeit, um die kleinen und kleinsten Lebewesen im und am Wasser zu entdecken und zu beobachten.

Es gibt Tiere, …

… die ausschließlich im Wasser leben.

… die sich im Wasser und am Land aufhalten.

… die nur am Gewässer sind, um Wasser zu trinken.

Pflanzen sind nicht nur schön, sie haben im Lebensraum wichtige Aufgaben zu erfüllen (Halt, Versteck, Schatten …).

Mit diesen Geräten kannst du beobachten und forschen:
Feldstecher, Fotokamera,
Kescher (Fangnetz),
Unterwasser-Sichtgerät,
Becherlupe, Gläser mit
Schraubverschluss,
weiße Schalen oder Teller,
Pinsel, Sieb, Messband,
Thermometer, Notizmaterial

2

Nicole Brauer: Tiere und Pflanzen in Weiher und Teich

Vorsicht!

Das faszinierende Leben rund um Weiher und Teiche soll geschützt und erhalten bleiben.

Halte dich an folgende Regeln:

– Achte alle Lebewesen und gehe sorgfältig mit ihnen um.
– Zerstöre ihre Umgebung nicht.
– Lasse die gefangenen Tiere wieder am gleichen Ort frei.
– Frösche, Kröten, Molche und deren Laich sind geschützt.
– Lasse keinen Abfall liegen.
– Hunde musst du an der Leine führen.
– Feuer darfst du nur an den vorgesehenen Stellen machen.

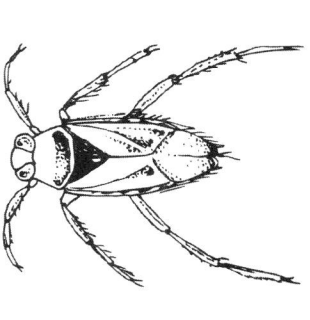

Wenn der Weiher in einem Naturschutzgebiet liegt, gilt zusätzlich:

– Benutze nur die markierten Wege.
– Reiße keine Pflanzen aus und pflücke keine Blumen.
– Bade nur an den vorgesehenen Badeplätzen.

(Denke daran, dass Gewässer gefährlich sein können. Sprich dich mit Erwachsenen ab.)

Wasserinsekten

Gelbrandkäfer sind Schwimmkäfer, aber auch sehr gute Flieger. Die Deckflügel sind gelb umrandet. Mit ihren Greifzangen packen sie Insekten, Kaulquappen und kleine Fische.

Gelbrandkäfer müssen ihren Hinterleib zum Atmen aus dem Wasser strecken.

Eine einzige Larve verspeist in ihrer Entwicklung bis zu 900 Kaulquappen.

Sie verpuppt sich am Uferrand. Nach zwei bis drei Wochen schlüpft der Käfer und kehrt ins Wasser zurück.

Der gelb-braune **Rückenschwimmer** gehört zu den Wasserwanzen.

Er bewahrt einen Luftvorrat im Bauch auf und schwimmt deshalb mit dem Bauch nach oben. Mit seinen langen, bewimperten Hinterbeinen schwimmt er ruckartig übers Wasser.

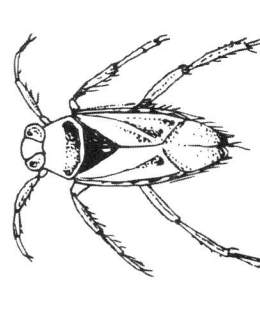

Achtung! Berühre ihn nicht. Sein Stich ist sehr schmerzhaft. Er wird darum auch „Wasserbiene" genannt.

Wasserinsekten

Die meisten Wasserinsekten haben zwei sehr unterschiedliche Lebensphasen. Als Ei und Larve leben sie im Wasser. Als Vollinsekten leben sie an Land und in der Luft.

Die Köcherfliegenlarven bauen und kleben sich einen Köcher aus Kies, Schlamm, Holzfasern und sogar Schneckenhäuschen. Darin suchen sie Schutz vor Feinden.
Die **Köcherfliege** hat einen braunen Körper und große Flügel. Sie lebt nur ein paar Tage und fliegt meist in der Nacht.

Der sehr schlanke **Wasserläufer** ist an den Beinen dicht behaart. Deshalb wird er nicht nass.
Wie ein Schlittschuhläufer bewegt er sich über das Wasser. Er ernährt sich von Kleininsekten, die auf die Wasseroberfläche fallen. Er sieht dem Teichläufer ähnlich.

17

Pflanzen im Wasser

Pflanzen sind lebenswichtig. Sie produzieren den Sauerstoff, den alle Wasserbewohner brauchen, und sie bieten Verstecke für Nistplätze. Sie schützen Tiere vor Feinden und spenden Schatten.

Die **Wasserlinse** bildet große, grüne Teppiche auf dem Wasser. Die kleinen Pflanzen haben Wurzeln, die im Wasser hängen. Die Blättchen enthalten Hohlräume, die mit Luft gefüllt sind und für den Auftrieb im Wasser sorgen. Die Wasserlinse gehört zu den Schwimmpflanzen.

Die **Seerose** ist eine der größten Schwimmblattpflanzen. Ihre Blätter können bis zu 30 Zentimeter groß werden. Libellen und Frösche lieben diese „Sitzplätze". Die Blüten sind weiß, rosa oder gelb und nur bei hellem Licht geöffnet.

4

Nicole Brauer: Tiere und Pflanzen in Weiher und Teich

Pflanzen im Wasser

Das **schwimmende Laichkraut** ist wie die Seerose am Weiherboden verwurzelt und gehört zu den Schwimmblattpflanzen.

Ihre Blätter sind grün bis bräunlich, glatt, ledrig und etwa 12 cm lang. Die Pflanze ist ein guter Schattenspender für Fische. Libellen legen gerne ihre Eier darauf ab. Das Laichkraut verbreitet sich schnell.

Die Kanadische **Wasserpest** stammt aus Nordamerika und wurde vor ca. 160 Jahren nach Europa gebracht. Sie breitet sich seitdem massenhaft aus und bildet ganze Unterwasser-Wälder. Hier können sich Tiere verstecken. Die Stängel sind von vielen kleinen grünen Blättern besetzt. Sie steht völlig unter Wasser. Nur ihre weiß-rosa Blüte ist manchmal an der Wasseroberfläche zu erkennen.

Libellen

Am besten kannst du **Libellen** an sonnigen Tagen beobachten.

Sie fliegen dicht über dem Wasser.

Libellen sind richtige Flugkünstler.

Sie bewegen ihre vier Flügel unabhängig voneinander.

Sie ernähren sich von Mücken und Fliegen, die sie während des Fluges fangen.

Sie paaren sich auch während des Fluges.

Hast du gewusst, dass …

… Libellenlarven von Fischen, Wasserspinnen, Krebsen und sogar von anderen Libellenlarven gefressen werden?

… Libellen den größten Teil ihres Lebens unter Wasser verbringen? (Großlibellen bis 3 Jahre, Kleinlibellen 1 Jahr)

… die Libellen zu den ältesten Insekten gehören? Man hat Versteinerungen von Libellen gefunden, die 75 cm Flügelspannweite erreichten. Heute sind die Libellen viel kleiner.

… Libellen gegen Ende ihres Lebens ausgefranste und beschädigte Flügel haben? Diese Libellen sind geschwächt und leichte Beute für Vögel und Spinnen.

Weichtiere

Die **Teichmuschel** schützt ihren weichen Körper mit zwei festen Kalkschalen, die mit einem Muskel zusammengehalten werden. Am Hinterende sind zwei röhrenförmige Öffnungen. Durch die eine Öffnung wird trübes Wasser angesaugt. Die Muschel versorgt sich daraus mit Sauerstoff zum Atmen und mit Nahrung. Durch die zweite Öffnung fließt das gefilterte Wasser wieder nach draußen.

Die **Posthornschnecke** gehört zu den Tellerschnecken. Sie kommt ab und zu an die Wasseroberfläche und füllt ihre Lunge mit Luft. Sie weidet mit der Raspelzunge (Zunge mit kleinsten Zähnchen) Algen von Pflanzenstängeln und Steinen ab. So hilft sie mit, die Unterwasserwelt sauber zu halten. Im Winter vergräbt sie sich im Bodenschlamm und verschließt das Häuschen mit Schleim.

Sumpf- und Uferpflanzen

Die **Rohrkolben** haben 1–2 m hohe, kräftige starre Stängel. Auffallend sind die 10–20 cm langen dicken braunen Kolben. Wenn sie zerfallen, fliegen tausende Samen davon.

Das **Schilf** hat bis zu 2 m hohe Stängel und wir erkennen es an den zarten Federwischen. Zahlreiche Vogelarten haben im Schilf ihre Brutstätte.

Aus dem kräftigen Wurzelstock der **Sumpfschwertlilie** wachsen lange, schwertförmige Blätter. Die großen, gelben Blüten sind innen dunkel gefleckt. Sie steht meist am Uferrand mit den Wurzeln im Wasser.

Nicole Brauer: Tiere und Pflanzen in Weiher und Teich

Bäume und Sträucher

Bäume und Sträucher sind äußerst wichtig. Sie befestigen mit ihren kräftigen Wurzeln die feuchten Uferränder und bieten Verstecke und Höhlen für viele Tiere und Nistplätze für Vögel.

Die **Schwarzerle** hat einen dunkelbraunen Stamm und ist eher zierlich. Die dunkelgrünen Blätter sind leicht herzförmig. Ihre Früchte sind Kätzchen und kleine Zäpfchen.

Die **Trauerweide** ist eine Variante der Silberweide. Der imposante Baum hat lange herabhängende Zweige.

Amphibien

Die raue Haut der grau-braunen **Erdkröte** ist mit vielen Warzen besetzt. Sie frisst gerne Schnecken und Würmer. Die Kröte legt ihre Eier in langen Schnüren ab. Sie wandert nur zum Laichen ins Wasser, sonst lebt sie an Land.

Krötenregen heißt: Tausende Jungtiere verlassen zusammen das Wasser und wandern zurück in die Wälder.

Molche leben hauptsächlich an Land und ernähren sich von Würmern und Schnecken. Zur Paarungszeit sind sie im Wasser zu sehen. Der farbenprächtigste ist der **Bergmolch**. Er bekommt einen auffälligen orangefarbenen Bauch und einen wellenförmigen Kamm auf dem Rücken (Hochzeitskleid).

Das Weibchen wickelt bis zu 300 Eier einzeln in Blätter ein. Danach verlassen die erwachsenen Molche das Wasser.

Auch die Molchlarven werden ohne ihre Eltern groß.

Amphibien

Bei Gefahr stürzt sich der **Wasserfrosch** laut klatschend ins Wasser. Die kräftigen langen Hinterbeine sind zum Schwimmen und für weite Sprünge geeignet.

Er ernährt sich von Fliegen, Mücken, Würmern und kleinen Fischen. Er atmet durch die Haut und mit den Lungen.

Zur Paarungszeit stülpen die Männchen ihre beiden Schallblasen aus. Die wirken wie Lautsprecher und das laute „Froschkonzert" lockt Weibchen an.

Im Mai bis Juni legt das Weibchen bis zu 10000 Eier ins Wasser.

Die Eiablage erfolgt in mehreren kugeligen Paketen (Laich). Aus den Eiern schlüpfen Larven und entwickeln sich zu Kaulquappen. Sie atmen durch die Kiemen.

In zwei bis drei Monaten wird aus der Kaulquappe ein Frosch – je wärmer die Temperatur, desto schneller die Entwicklung.

Wasserfrösche überwintern oft am Grund eines Sees oder Weihers. Sie verharren im Schlamm in Winterstarre.

Feinde: Hecht, Storch, Reiher, Fuchs, Marder

13

Bäume und Sträucher

Woher wohl das **Pfaffenhütchen** seinen Namen hat?

Der Spindelstrauch wird 2–3 m hoch.

Seine Blüten öffnen sich im Mai bis Juni und daraus entwickeln sich die auffallenden Früchte.

Die hell- bis lilaroten Kapseln sind wie die Kopfbedeckung katholischer Geistlicher geformt, daher kommt die Bezeichnung „Pfaffenhütchen".

Achtung! Die Samen sind giftig.

Die **Salweide** wird bis zu 12 Meter hoch. Ihre Blätter sind oben grün und auf der Unterseite silbrig und filzig.

Der Baum wirkt silbrig, wenn sich die Äste im Wind bewegen.

Die großen pelzigen Blütenkätzchen sind im frühen Frühling die erste wichtige „Bienenweide". Das heißt, die Bienen holen hier Pollen und Nektar.

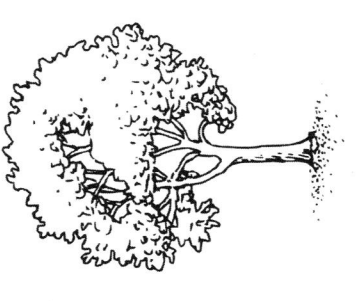

8

Nicole Brauer: Tiere und Pflanzen in Weiher und Teich

Wasservögel

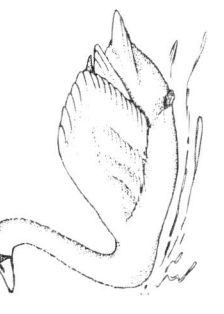

Ein Rekordhalter unter den Wasservögeln ist der Höcker-
schwan.

Er kann bis zu 20 kg schwer werden
und hat eine Flügelspannweite von
über 2 m. Es ist nicht einfach, das
große Gewicht in die Luft zu bringen.
Der Schwan muss zum Abheben
Anlauf nehmen. Er rennt auf dem
Wasser und schlägt mit Flügeln
und Füßen.

Kaum in der Luft, kann er bis 80 km/h fliegen.

Die Schwäne bleiben als Paar zusammen und bauen große
Nester aus Ästen und Schilfhalmen. Das Weibchen brütet
die Eier aus und das Männchen bewacht seine Familie.
Nähern sich Feinde wie Raubvögel, Füchse oder auch
Menschen, werden die Schwäne kämpferisch und
verteidigen ihren Raum.

Nach 35 Tagen schlüpfen die jungen Schwäne. Sie tragen ein
graues Daunenkleid und können sofort schwimmen. Erst
nach zwei Jahren sind die Jungen erwachsen. Sie haben ein
strahlend weißes Gefieder, einen schwarzen Höcker auf der
Stirn und einen rot-orangefarbenen Schnabel.

9

Amphibien

Amphibien (auch Lurche genannt)

Froschlurche
Grasfrosch
Erdkröte
Wasserfrosch

Schwanzlurche
Teichmolch
Bergmolch
Salamander

Amphibien sind Tiere, die sowohl im Wasser wie auch auf
dem Land leben. Die Entwicklung der meisten Amphibien-
larven spielt sich bis zur Metamorphose vollständig im Wasser
ab.

Amphibien sind wechselwarme Tiere. Das heißt, ihre
Körpertemperatur passt sich der Umgebung an. Sie
überwintern in Erdlöchern oder im Schlamm und verfallen in
Winterstarre. Sie bewegen sich nicht und fressen nichts.

Amphibien haben eine nackte drüsenreiche Haut, die viel
Feuchtigkeit braucht. Sie nehmen Wasser und auch Sauerstoff über die Haut auf.

Schwanzlurche quaken nicht – nur die Männchen der
Froschlurche haben Schallblasen, die das Quak-Geräusch
verstärken.

12

Wasservögel

Teichrohrsänger bauen ihre Nester im Schilf und ernähren sich hauptsächlich von Insekten. Es gibt mehrere Arten von Rohrsängern; alle lieben sie aber das Wasser und halten sich vorwiegend an Weiher- und Teichufern auf.

Der **Eisvogel** hat einen auffallend strahlend blauen Rücken, einen orangefarbenen Bauch und einen langen spitzen Schnabel. Er sitzt mit Vorliebe auf Ästen, wo er einen weiten Ausguck hat. Er ist häufig am gleichen Ort anzutreffen.

Am liebsten gräbt er sich einen Bau in sandige Steilufer. Im Winter fischt er oft an Eislöchern. Eisvögel sind extrem scharfsichtig. Im klaren Wasser entgeht ihnen keine Bewegung.

Wasservögel

Die **Stockente** ist die bekannteste von allen Enten. Das Männchen (der Erpel) hat einen gelben Schnabel, einen grünen Kopf und ein weißes Halsband. Das Weibchen (die Ente) ist braun gemustert. Mit ihren Schwimmfüßen kann die Stockente im Wasser gut paddeln und bei der Landung den Schwung abbremsen. An Land jedoch kommen sie nur watschelnd vorwärts. Gefahr für Eier und Entenküken: Elster, Hecht, Marder, Fuchs, Habicht

Der **Graureiher** ernährt sich von Fröschen, Fischen und Mäusen. Er kann stundenlang unbeweglich auf Beute lauern. Hat er ein Opfer entdeckt, sticht er blitzschnell zu und würgt es hinunter. Ab Februar nisten die Graureiher auf großen Bäumen. Achtung: Nähere dich nie einem verletzten Reiher. Sein Schnabel ist so scharf wie eine Rasierklinge.

Gewässer

Texte

Lies die Texte. Beantworte die Fragen.

Ein **Tümpel** ist größer als eine Pfütze, aber kleiner als ein Weiher. Tümpel findest du oft in Kiesgruben. Er entsteht durch Regenfälle und trocknet im Sommer meistens aus. Ein Tümpel ist flach, er ist mit Pflanzen bewachsen. Es leben keine Fische in Tümpeln, sie müssten bei einer Austrocknung zugrunde gehen. Tümpel sind dafür wunderbare Laichgewässer für Amphibien.

Weiher sind natürlich entstandene Gewässer und haben immer Wasser. Die Wassertemperaturen schwanken stark, da Weiher nur eine geringe Wassertiefe haben.
Das Ufer und der ganze Weihergrund sind mit Pflanzen bewachsen, weil das Sonnenlicht bis zu den Pflanzen vordringen kann.

Der **Teich** ist ein künstlicher Weiher, der oft in Gärten, bei Schulhäusern und in Parks angelegt wird. Er kann verschieden gebaut und bepflanzt werden. Man kann ihn jederzeit entleeren und sollte dies auch von Zeit zu Zeit tun. Sonst überwuchern bestimmte Pflanzen den Weiher und er verlandet. Das heißt, es hat immer weniger Wasser.

Bach, **Fluss** und **Strom** sind fließende Gewässer. Ein Strom ist ein breiter Fluss, der ins Meer mündet.

Auch **Seen** sind natürliche Gewässer. Sie können durch Gletscher oder Vulkane entstanden sein und haben einen Zufluss und einen Abfluss. See, Weiher, Teich und Meer gehören zu den stehenden Gewässern. In unseren Seen in Deutschland hat es Süßwasser. Es schmeckt zwar nicht süß, aber es ist nicht so salzig wie das Meerwasser. Seen sind oft zu tief, um auf dem ganzen Grund mit Pflanzen bewachsen zu sein.

Im **Meer** oder im **Ozean** hat es Salzwasser. Dort leben ganz andere Tierarten und Pflanzen als in unseren Gewässern.

Gewässer

Fragen

Da stimmt etwas nicht. Schreibe die Sätze so, dass die Aussagen richtig sind. Es gibt verschiedene Lösungen. Beantworte die Fragen.

Tümpel sind größer als Weiher.

_____

Ein Weiher ist ein künstlich angelegter Teich.

_____

_____

Ab und zu muss ein Teich entleert werden. Es wachsen sonst zu wenig Pflanzen.

_____

_____

Bei uns in Deutschland gibt es zwei Seen mit Salzwasser.

_____

_____

Im Tümpel leben viele verschiedene Arten von Fischen.

_____

_____

Ein Strom ist ein schmaler Fluss, der nicht ins Meer mündet.

_____

_____

Frage: Welche stehenden Gewässer kennst du?

_____

Frage: Warum gibt es in kleinen, flachen Gewässern große Temperaturschwankungen?

_____

_____

Nicole Brauer: Tiere und Pflanzen in Weiher und Teich

Besuch im Naturschutzgebiet

Regeln

Bei einem Besuch im Naturschutzgebiet musst du ein paar Regeln einhalten. So hilfst du mit, die Tier- und Pflanzenwelt rund um den Weiher zu erhalten und zu schützen. Schreibe deine eigenen Naturschutzregeln auf. Vergleiche mit dem Infoheft.

_____

_____

_____

_____

_____

_____

_____

_____

_____

Weißt du, wozu diese Regeln dienen? Schreibe für zwei Regeln eine Begründung.

_____

_____

_____

_____

Legende zum Weiherbild

Schau dir das Weiherbild an. Benenne die Pflanzen, die Tiere und setze die Nummern ins Teichbild.

Bäume und Sträucher

1. Schwarzerle
3. Pfaffenhütchen

2. Trauerweide

Sumpfpflanzen (Pflanzen, die im Wasser stehen)

4. Schilf
6. Sumpfschwertlilie

5. Rohrkolben

Schwimmblattpflanzen (Pflanzen, die am Weiherboden wurzeln, das Blattwerk aber an der Wasseroberfläche haben)

7. Seerose

8. Laichkraut

Schwimmpflanzen (Pflanzen, die auf dem Wasser schwimmen)

9. Wasserlinsen

Unterwasserpflanzen (Pflanzen, die ihre Wurzeln im Gewässerboden haben und ganz unter Wasser sind)

10. Wasserpest

Vögel

11. Stockentenpaar
13. Eisvogel

12. Graureiher
14. Teichrohrsänger (mit Nest)

Amphibien

15. Wasserfrosch
17. Molch

16. Erdkröte

Insekten

18. Wasserläufer
20. Köcherfliegenlarve

19. Libelle
21. Gelbrandkäfer

Fische

22. Karpfen

Weichtiere

23. Posthornschnecke

24. Teichmuschel

Nicole Brauer: Tiere und Pflanzen in Weiher und Teich

Pflanzen und Tiere

Zusammengesetzte Nomen

Da ist etwas durcheinandergeraten. Schreibe die richtigen Namen in die passende Spalte. Streiche die verwendeten Wortteile durch.

Pfaffenkraut, Rohrrose,
Teichrohrkröte, Salmuschel,
Sumpfschwertschwimmer, Wassererle,
Posthornente, Wasserschwan,
Trauerfliege, Eiskäfer,
Laichhütchen, Erdsänger,
Teichweide, Wasserreiher,
Seekolben, Rückenlilie,
Stockschnecke, Höckerpest,
Grauläufer, Schwarzlinse,
Köcherweide, Gelbrandvogel

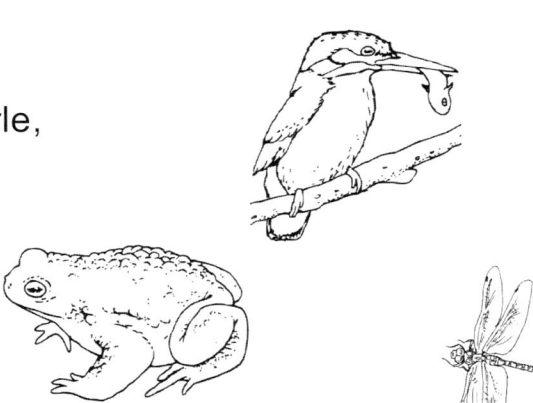

Pflanzen	Tiere

Nicole Brauer: Tiere und Pflanzen in Weiher und Teich

Libelle Flirr (1)

Entwicklung einer Großlibelle

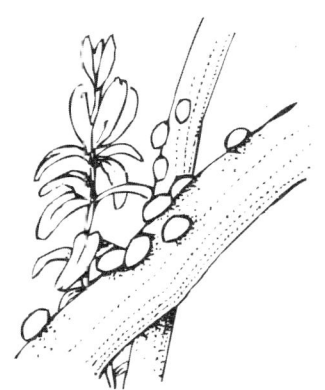

Es war einmal ein Ei. Es hat im Bodenschlamm eines kleinen Weihers überwintert. Jetzt ist Frühling und Flirr ist aus ihrem Ei geschlüpft. Flirr ist eine hellbraune Libellenlarve. Sie atmet mit drei blattähnlichen Kiemen. Die sind am Ende ihres Hinterleibes.

Flirr ist sehr hungrig. Sie frisst kleine Krebse, Insektenlarven, Kaulquappen und sogar kleine Fische.
Flirr kann kaum genug bekommen. Gierig schnappt sie sich ihre Opfer mit ihrer Fangmaske und verschlingt sie.
Flirr wächst sehr schnell und ihre Haut wird bald zu eng. Flirr häutet sich.
Die alte Haut bleibt im Weiher liegen.

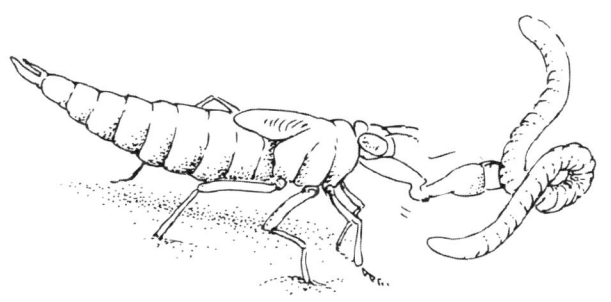

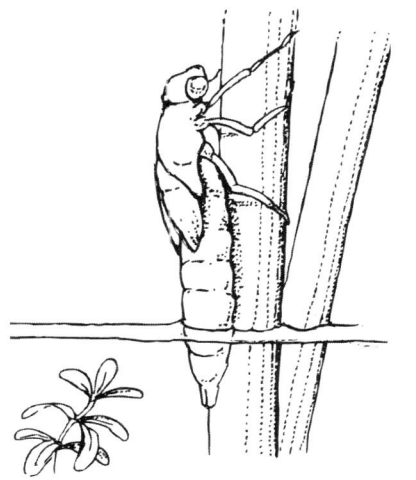

Flirr lebt weiter im Wasser und häutet sich in den nächsten 2 bis 3 Jahren bis zu 15-mal.
An einem warmen sonnigen Maimorgen kriecht sie prall und dick an einem Pflanzenstängel an die Wasseroberfläche. Sie sieht aus wie eine riesige Heuschrecke. Flirr häutet sich das letzte Mal.

Libelle Flirr (2)

Flirrs Kopf, ihre großen Augen und der ganze Oberkörper sind jetzt zu sehen. Aber ihr Körper ist nicht mehr braun, sondern schillert in grünen Farben.

Flirr wartet eine Weile, bis ihre weichen Beine an der Luft getrocknet sind. Gefahren lauern überall: Ein heftiger Regenschauer könnte sie jetzt wegspülen und töten. Auch Vögel, Eidechsen und Mäuse fressen die weichen, verletzlichen Libellen.

Flirr kriecht aber ganz aus der Larvenhaut heraus und hält sich mit ihren Beinen an der Pflanze fest.
So kann auch ihr Hinterleib trocknen.

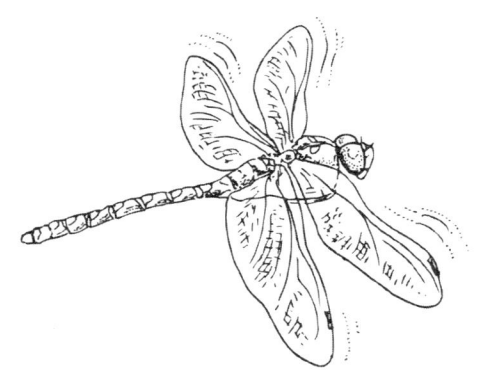

Es ist etwas Wunderbares geschehen. Flirr öffnet vier Flügel, die sie völlig unabhängig voneinander bewegen kann. Flirr hat sich von einer Larve in ein fliegendes Insekt mit dem Namen „Blaugrüne Mosaikjungfer" verwandelt. Sofort fliegt sie auf Beutesuche nach Insekten. Jetzt hängt nur noch die leere Hülle am Stängel.

Libellen sind richtige Flugkünstler und sie gehören auch zu den am besten sehenden Insekten. Ihre riesigen Kugelaugen bestehen aus über 30000 Einzelaugen, die den größten Teil des Kopfes einnehmen. Sie können ihre Beute bis zu 12 m weit erkennen.

Nicole Brauer: Tiere und Pflanzen in Weiher und Teich
© Auer Verlag

Libelle Flirr (3)

Der Rumpf der Libelle ist in 10 Segmente aufgeteilt. Libellen haben 3 Beinpaare. Damit bildet Flirr einen Fangkorb und fängt darin Insekten ein. Sie könnte die gefangenen Insekten im Flug verzehren, aber heute setzt sie sich auf eine Pflanze, um in Ruhe zu fressen. Ihre durchsichtigen Flügel bleiben auch in der Ruhestellung ausgebreitet.

Wie sie so da am Teichrand sitzt, entdeckt Flirr eine andere, kleinere Libelle. Diese Kleinlibellen haben ihre Flügel in Ruhestellung über dem Hinterleib zusammengelegt.

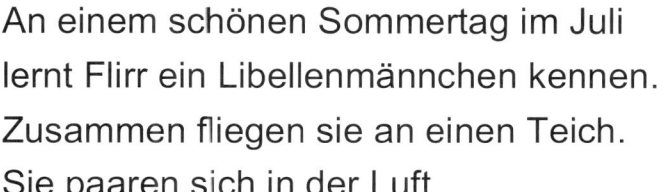

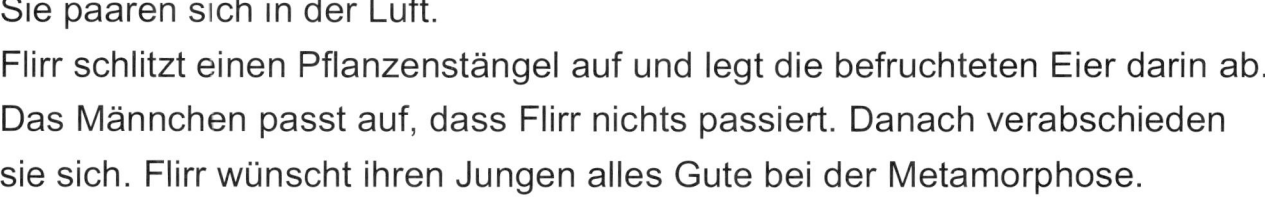

An einem schönen Sommertag im Juli lernt Flirr ein Libellenmännchen kennen. Zusammen fliegen sie an einen Teich. Sie paaren sich in der Luft.

Flirr schlitzt einen Pflanzenstängel auf und legt die befruchteten Eier darin ab. Das Männchen passt auf, dass Flirr nichts passiert. Danach verabschieden sie sich. Flirr wünscht ihren Jungen alles Gute bei der Metamorphose.

(Metamorphose ist die Entwicklung von der Libellenlarve zum Vollinsekt.)

Zeichne hier selbst eine oder zwei Libellen.

Libelle Flirr

Schreibe die Antwort in einem Satz.

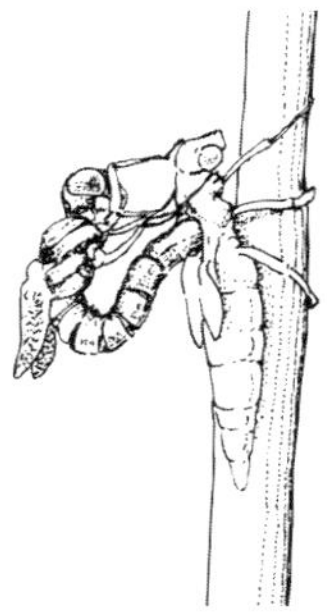

Womit atmen Libellenlarven?

_____

Was fressen Libellenlarven?

_____

Was geschieht, wenn die Larvenhaut zu eng wird?

_____

In welcher Jahreszeit schlüpfen die Libellen?

_____

Was ist ein Fangkorb?

_____

Wie lange leben die Larven von Großlibellen im Wasser?

_____

Welche Gefahren lauern bei der Umwandlung von der Larve zum Insekt?

_____

_____

Wann und wo legt Flirr ihre Eier ab?

_____

_____

Nicole Brauer: Tiere und Pflanzen in Weiher und Teich
© Auer Verlag

Libelle Flirr

Schreibe die Antwort in kurzen Sätzen.

Warum leben Libellen gerne in der Nähe von Wasser?

_____

_____

_____

Libellenlarve – Libelle: Was verändert sich nach der letzten Häutung?

_____

_____

_____

Was ist eine Metamorphose?

_____

_____

_____

Begründe, warum Libellen Flugkünstler sind.

_____

_____

_____

Wie unterscheiden sich die Großlibellen von den Kleinlibellen?

_____

_____

_____

Flirrs Libellenleben

Verben

Welches Verb passt zu welchem Satz? Schreibe in der richtigen Form.

Die Libellenlarve Flirr _____ in einem Teich.	Sie _____ mit drei blattähnlichen Kiemen.
Sie _____ kleine Krebse, Insektenlarven und Kaulquappen.	Flirr frisst, bis ihre Haut zu eng wird. Dann _____ sie sich.
Flirr _____ sich von einer Larve zu einer wunderschönen Libelle.	Libellen sind Flugkünstler. Sie _____ sogar rückwärts.
Flirr _____ mit ihren großen Kugelaugen in alle Richtungen.	Mit ihren Beinen _____ sie Insekten ein.
Die Großlibelle _____ ihre Flügel _____, wenn sie sich ausruht.	Eine Kleinlibelle _____ ihre Flügel _____, wenn sie sich ausruht.
Viele Libellen _____ bunt und alle haben vier durchsichtige Flügel.	Flirr _____ die befruchteten Eier im Wasser oder an Pflanzenstängeln ab.

Verben
zusammenfalten, schillern, atmen, legen, fressen, sehen, entwickeln, fliegen, fangen, ausbreiten, leben, häuten

Nicole Brauer: Tiere und Pflanzen in Weiher und Teich

Kreislauf der Froschentwicklung

Text

Lies den Text. Schneide die dazugehörigen Bilder aus und lege sie zu einem Kreislauf der Froschentwicklung.
Zusatz: Schneide die Sätze auseinander und mische sie. Finde die richtige Reihenfolge.

Das Weibchen wandert mit dem Männchen auf dem Rücken zum Laichgewässer.
Das Froschweibchen legt die Eier in Klumpen ab und das Männchen befruchtet die Eier.
Die Gallertklumpen schützen die Eier und halten sie warm. So können sich die Embryos entwickeln. Gefahr droht von Fischen, Molchen und Insektenlarven: Eier und Laich sind richtige Leckerbissen.
In jedem Ei entwickelt sich eine winzige Kaulquappe. Sie schlüpft nach wenigen Tagen. Mit ihrem breiten Schwanz kann sie sich problemlos fortbewegen. Sie atmet mit Außenkiemen.
Jetzt muss die Kaulquappe Nahrung zu sich nehmen. Sie frisst Algen von Steinen und Blättern. Bald wachsen die Hinterbeine und die sichtbaren Außenkiemen wandeln sich zu Innenkiemen.
Die Vorderbeine entwickeln sich, der Schwanz bildet sich zurück. Je nach Temperatur und Nahrung dauert die Umwandlung 5–12 Wochen.
Der kleine Frosch steigt aus dem Wasser. Er misst etwa 1 cm. Er atmet jetzt mit den Lungen und durch die Haut. Mit seiner klebrigen Zunge fängt er Insekten. Er lebt 2–3 Jahre an Land, bevor er zum Teich zurückkehrt, um sich das erste Mal selbst zu paaren.

Kreislauf der Froschentwicklung

Schneide die Bilder aus und lege sie zu einem Kreislauf. Nummeriere die Bilder und schreibe kurze Erklärungen dazu.

_____

_____

_____

_____

_____

_____

_____

Nicole Brauer: Tiere und Pflanzen in Weiher und Teich

Kreislauf der Froschentwicklung

Bilder

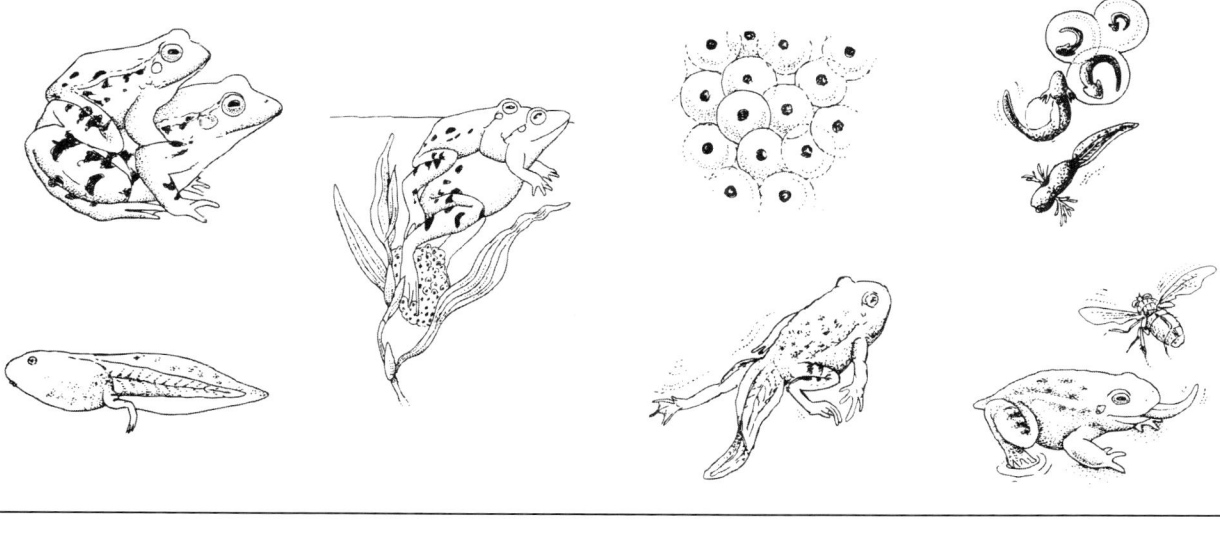

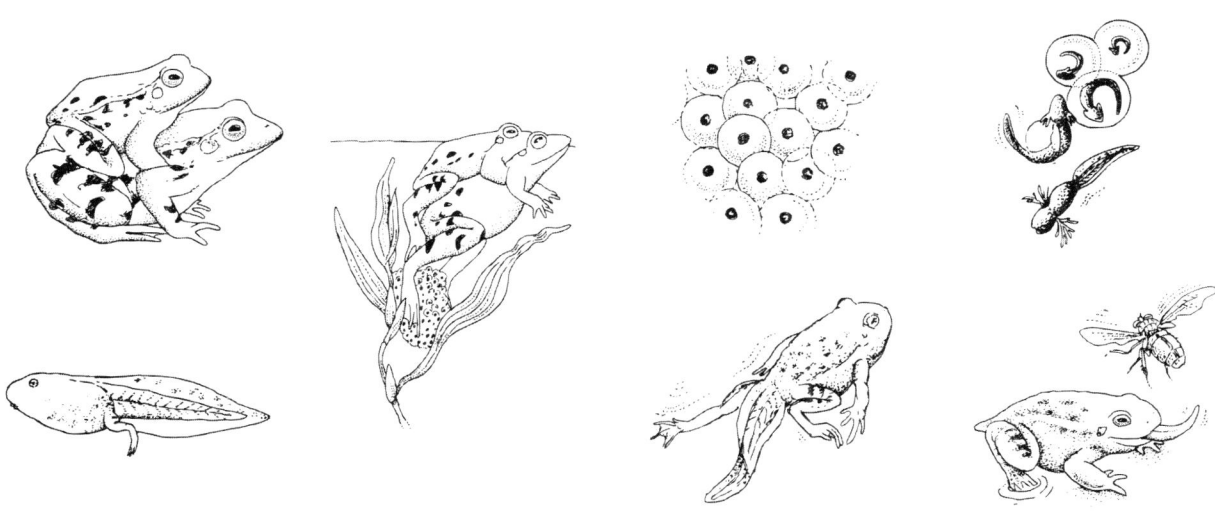

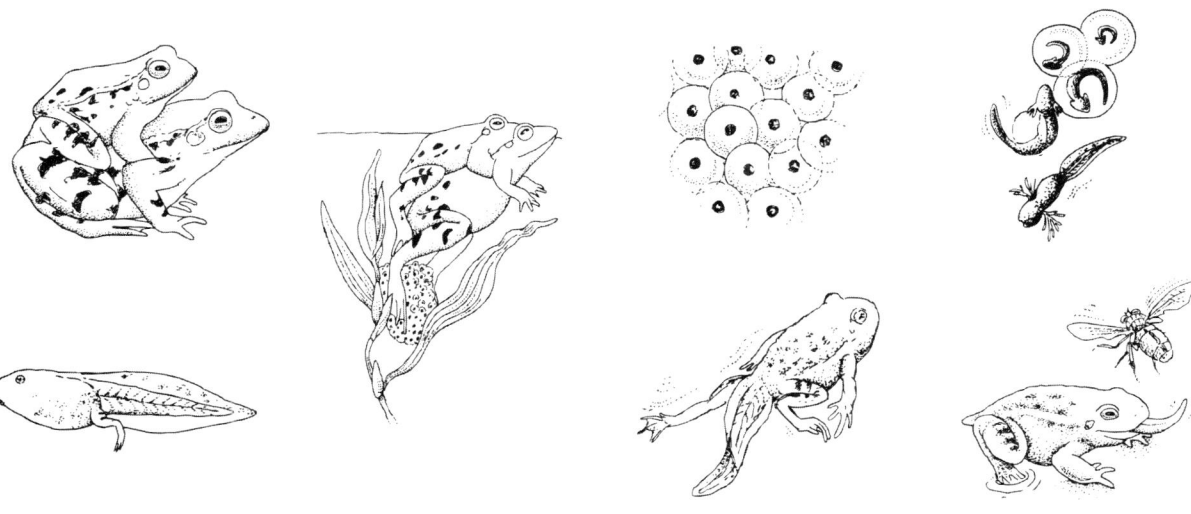

Erdkröte und Bergmolch

Frösche und Kröten gehören zu den Froschlurchen: Bei der Metamorphose bildet sich der Schwanz zurück.

Die Haut der Erdkröte ist dicht mit Warzen besetzt. Speziell sind die goldenen Augen mit den waagrechten Pupillen. Kröten können bis zu 40 Jahre alt werden. Sie ernähren sich von Würmern, Käfern, Schnecken und Insekten.

Im Februar/März wandern sie zu den Laichgewässern. Sie kehren meistens an ihren Geburtsort zurück. Dank ihrer Schwimmhäute können die Kröten gut schwimmen.

Nach der Eiablage spannen sie ihre Laichschnüre um Pflanzenstängel und Äste.

Die Laichschnüre sind mehrere Meter lang und enthalten bis zu 5000 Eier, die in Zweier- oder Viererreihen angeordnet sind.

Kaulquappen atmen mit Kiemen, die nicht sichtbar sind und ernähren sich von Pflanzen. 2–3 Wochen dauert die Entwicklung vom Wassertier (Kaulquappe) zum Landtier (Jungkröte).

Zu Tausenden wandern sie zurück in Wälder, Wiesen und Gärten. Sie sind vorwiegend nachtaktiv. Tagsüber verstecken sie sich in Erdlöchern, Laub- und Asthaufen.

Die kalte Jahreszeit überbrücken sie in Winterstarre in Erdlöchern.

Molche gehören zu den Schwanzlurchen: Sie behalten ihren Schwanz auch nach der Metamorphose.

Bergmolche sind die farbenprächtigsten. Teichmolche sind dunkel gefärbt.
Sie ernähren sich von Laich und Insektenlarven.

Als Laichort bevorzugen die Molche schattige Weiher und feuchte Waldgebiete. Auch sie sind laichplatztreu. Sie brauchen den breiten Ruderschwanz, um im Wasser vorwärtszukommen.

Nach der Eiablage wickelt das Weibchen die Eier einzeln in Blätter einer Wasserpflanze und verklebt sie. So sind sie vor Fressfeinden wie Schnecken, Wasserkäfern und andern Molchen geschützt. Das Weibchen ist mehrere Wochen beschäftigt, bis es die 100–300 Eier abgelegt hat.

Molchlarven atmen mit den deutlich sichtbaren büschelförmigen Kiemen und ernähren sich von kleinen Tieren, hauptsächlich Wasserflöhen. Sie verlassen den Weiher nach 2–4 Monaten. Oft überwintern sie im Wasser und entwickeln sich erst im Frühling zu Molchen.

Die kalte Jahreszeit überbrücken sie in Winterstarre unter Holz, Brettern, Steinen oder in Erdlöchern.

Nicole Brauer: Tiere und Pflanzen in Weiher und Teich
© Auer Verlag

Amphibien

Lies das Textblatt Erdkröte und Bergmolch. Lies auch im Infoheft nach.
Kreuze an, zu wem die Aussagen passen.

	Frosch	Kröte	Molch
Das ist ein Schwanzlurch.			
Das Weibchen legt die Eier in Klumpen ab.			
Die Haut ist mit Warzen bedeckt.			
Die Larve atmet immer mit büschelförmigen Kiemen.			
Die Eier, die das Tier legt, nennt man Laich.			
Das Weibchen wickelt die Eier einzeln in Blätter ein.			
Sie gehören zu den Froschlurchen.			
Die Larven ernähren sich nur von Wasserpflanzen.			
Die kalte Jahreszeit überbrücken sie in Winterstarre.			
Das Männchen trägt ein „Hochzeitskleid".			

Lies im Infoheft und beantworte die Fragen.

Wie kannst du den Laich von Frosch und Kröte unterscheiden?

_____

_____

Was sind Kaulquappen?

_____

_____

Nenne drei Merkmale, die typisch sind für Amphibien.

_____

_____

Geburtshelferkröte

Schlangensätze

Achte darauf, dass du Satzanfänge und Nomen groß schreibst.

dasweibchenlegtdieeieranlandab

_____

_____

sofortkümmertsichdasmännchenumdennachwuchs

_____

_____

errolltdieeierschnüreumseinefüßeundbringtsieaneinenverborgenenort

_____

_____

erbleibtmitseineneiern20bis45tageimfeuchtwarmenversteck

_____

_____

derkröterichsuchteinentümpelundtauchtmitseineneiernhinein

_____

_____

diekaulquappenschlüpfenundbleibenimwasser.oftentwickelnsiesicherstim
nächstenfrühlingzukröten.

_____

_____

_____

Nicole Brauer: Tiere und Pflanzen in Weiher und Teich
© Auer Verlag

Hilfe für Amphibien

Lies den Text und schreibe, wie man helfen kann.

Warum sind viele Amphibien vom Aussterben bedroht und stehen unter Schutz?
Sehr viele Feuchtgebiete wurden trockengelegt. So konnte man sie überbauen oder landwirtschaftlich besser nutzen. Die Uferzonen der Weiher sind deshalb oft überdüngt und das Wasser deshalb verschmutzt.

Auch die Fische in Weihern und Teichen sind eine Bedrohung. Sie vermehren sich schnell und fressen Laich und Larven der Amphibien.

Tausende Tiere müssen bei der Wanderung auf den Straßen ihr Leben lassen. Jungkröten warten einen regnerischen Sommertag ab und steigen zu Tausenden an Land. Man spricht dann von „Kröten- oder Froschregen". Oft ruhen sie sich auf dem warmen Asphalt der Straßen aus oder verbleiben in Schreckensstarre.

Welche Maßnahmen kennst du, die Kröten, Molche und Frösche schützen?

_____

_____

_____

_____

_____

_____

_____

Rund um die Ente

Lückentext

Schreibe die passenden Wörter in die Lücken.

Stockenten findest du an Weihern, Teichen und Seen.

Das _____ (der Erpel) trägt ein farbenprächtiges

Federkleid. Das _____ (die Ente) hat eine braun-grau

gemusterte Tarnfarbe. So wird sie nicht gesehen, wenn sie im

_____ brütet.

gründeln: So sagt man, wenn Enten und Schwäne

mit dem Kopf ins Wasser tauchen und auf dem

Grund des Weihers nach _____ suchen.

Sie ernähren sich von _____ und

Würmern, aber auch von Wasserpflanzen und Gras.

Schwimmfüße mit Schwimmhäuten machen die Enten zu ausge-

zeichneten _____. Ihre _____ bleiben

trocken, weil sich die Enten immer wieder einfetten. Das Fett holen

sie mit dem _____ aus der Bürzeldrüse.

Die Bürzeldrüse ist bei der Schwanzwurzel und produziert _____.

Entenküken sind _____. Sie verlassen ihr Nest,

sobald sie ein paar Tage alt sind. Sie können von Anfang an schwim-

men. Nach sechs Wochen sind auch die Flügel kräftig genug –

die Enten können _____.

Eine _____ ist eine erfundene Nachricht, die

in der Zeitung veröffentlicht wird.

_____ ist die wohl berühmteste und bekannteste

Ente. Sie entstand 1934 in den Studios von _____.

Schnecken – fliegen – Männchen – Federn – Fett – Schilf – Donald Duck – Weibchen –
Zeitungsente – Nahrung – Schwimmern – Nestflüchter – Walt Disney – Schnabel

Nicole Brauer: Tiere und Pflanzen in Weiher und Teich
© Auer Verlag

Wie heißen diese Vögel?

Logical

Schneide die Vögel aus und klebe sie ins passende Feld. Schreibe den Namen, die Farbe des Schnabels und die Nahrung auf.

Name				
Farbe des Schnabels				
Nahrung				

1. Der Vogel, der einen gelben Schnabel hat, frisst Pflanzen und Würmer.

2. Der Schwan hat einen orangefarbenen Schnabel.

3. Es ist nicht die Stockente, die Beeren frisst.

4. Im ersten Bild erkennst du den Teichrohrsänger.

5. Der Eisvogel hat einen schwarzen Schnabel.

6. Der Schwan ist neben dem Vogel, der kleine Fische frisst.

7. Der Teichrohrsänger hat einen braunen Schnabel.

8. Der Vogel mit dem orangen Schnabel frisst Wasserpflanzen.

9. Neben dem Teichrohrsänger befindet sich der Vogel, der kleine Fische frisst.

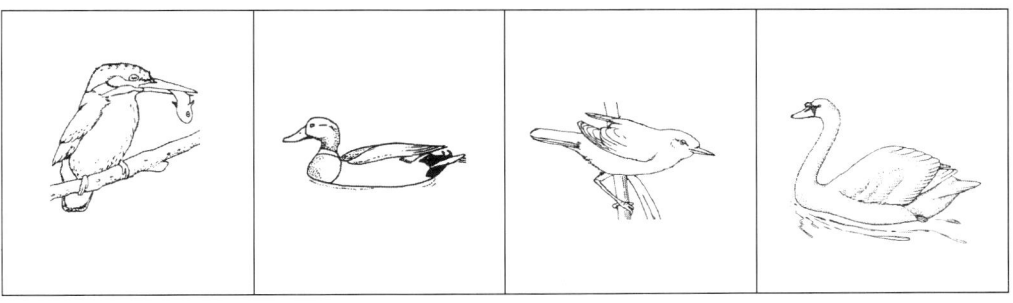

Spuren

Viele Tiere siehst du gar nicht. Vielleicht sind sie nachtaktiv, das heißt, sie jagen in der Nacht und verkriechen sich am Tag. Oder sie sind so scheu, dass Lärm und Bewegung sie vertreiben. Beim genaueren Hinschauen findest du aber ganz verschiedene Spuren, die auf die Tiere hinweisen. Das können Fußabdrücke, Kot oder Fraßspuren sein.

Mögliche Spuren: Vogelkot (weiße Kleckse). Federn, abgenagte Tannenknospen (Rehe), abgenagte Schuppen von Zapfen (Eichhörnchen), Maushügel, verlassene Vogelnester, Larvenhüllen usw.

Leider findest du vermutlich auch Abfall von Menschen.

Fußspuren erkennst du am besten im Winter, wenn es Schnee hat. Manchmal kannst du auch auf unbedecktem Waldboden oder an aufgeweichten Stellen am Weiherrand Spuren finden.

Also los, du Spurendetektiv, welche Spur gehört wohin?

Schneide die Bilder aus und klebe sie ins passende Feld.

Vogel	Maus	Mensch	Hund
Reh	Pferd	Hase	Fahrrad

Nicole Brauer: Tiere und Pflanzen in Weiher und Teich
© Auer Verlag

Wanderdiktate

Weiher im Winter

Es ist eisig kalt. Der Weiher friert zu.

Das Eis bildet eine Schutzschicht für die Tiere im Wasser.

Die Fische stehen reglos am Grund.

Amphibien graben sich ein und verharren in

Winterstarre.

Insekten überwintern in hohlen Pflanzenstängeln.

Die Wasservögel sind zu eisfreien Seen und Flüssen

gezogen.

Bäume und Sträucher sind kahl.

So schützen sich die Tiere im Winter

Fuchs, Reh und Marder tragen ein dichtes Winterfell.

Die Vögel plustern ihr Gefieder auf. Auch sie haben

nach der Mauser* ein dichtes warmes Federkleid mit

Daunen bekommen.

Säugetiere und Vögel fressen sich ein Fettpolster an.

Das hält warm und ist auch eine Reserve bei Nahrungs-

mangel.

Die Tiere sind schnell erschöpft. Sie suchen geschützte

Orte auf und bewegen sich so wenig wie möglich.

Du solltest sie nicht stören.

*Die Mauser nennt man den Federwechsel bei Vögel und Hühnern

Stechmücken

Schüttelsätze

Schneidet die Teile auseinander. Mischt die Wörter eines Satzes und legt abwechslungsweise einen Satz.
Zusatz: Diktiert einander die Sätze.

Die	Larven	der	Stechmücke
hängen	unter	der	Wasseroberfläche

Sie	atmen	durch	ihr
Atemrohr	wie	durch	einen	Schnorchel

Die	Larve	verpuppt	sich	nach
drei	Monaten	und	wird	zum	Insekt

Für	die	Eireifung	brauchen	die
Weibchen	Blut	von	Säugetieren

Die	Männchen	leben	von
Pflanzensäften	und	stechen	nicht

Nicole Brauer: Tiere und Pflanzen in Weiher und Teich
© Auer Verlag

Eintagsfliegen

Schüttelsätze

Schneidet die Teile auseinander. Mischt die Wörter eines Satzes und legt abwechslungsweise einen Satz.
Zusatz: Diktiert einander die Sätze.

Eintagsfliegen	findest	du	tagsüber	oft
an	Uferpflanzen	oder	unter	Steinen

Du	erkennst	sie	an
den	drei	langen	Schwanzfäden

Die	Larven	leben	ungefähr
ein	Jahr	im	Wasser

Die	ausgeschlüpften	Fliegen	leben
nur	noch	ein	paar	Stunden

In	dieser	Zeit	paaren	sie	sich
und	legen	wieder	Eier	ab

Leben im Schlamm

Erkennst du die Sätze? Schreibe den Satzanfang immer groß.
Setze die Schlusszeichen.

vertrocknete Gräser, tote Tiere, der Kot von verschiedenen Wasservögeln und viele andere Sachen sinken auf den Gewässerboden dort bildet sich Schlamm kleine Teichbewohner und Bakterien helfen mit, den Teich zu reinigen die Tiere fressen und zerkleinern abgestorbene Pflanzenstücke die Schlammschnecke säubert mit ihrer Raspelzunge die Pflanzenstängel von Algen die Teichmuschel filtert trübes Wasser winzige Bakterien verwandeln den Schlamm in Nährstoffe für die Pflanzen so können die Pflanzen wachsen und wieder Sauerstoff produzieren ohne Sauerstoff gibt es kein Leben in Weiher und Teich

_____

_____

_____

_____

_____

_____

_____

_____

_____

_____

Nicole Brauer: Tiere und Pflanzen in Weiher und Teich
© Auer Verlag

Karpfen

Sätze erfinden

Lies zuerst im Infoheft den Text über Karpfen. Schreibe 2–3 Sätze mit diesen Wörtern. Du musst nicht alle Wörter benutzen.

Karpfen leben warm Wasser ernähren Schnecken Larven
tagsüber ruhen Grund Dämmerung aktiv
4 Barteln fadenförmig Maul Geschmacks- und Tastorgan suchen Nahrung
Laichzeit Mai bis Juni Eier kleben Pflanzen Ufernähe

_____

_____

_____

_____

_____

_____

_____

_____

_____

_____

_____

_____

Zusatzaufgabe: Beschreibe auf der Rückseite auch andere Teichfische.

Pflanzen im und am Weiher

Lies im Infoheft über Pflanzen und Bäume. Bilde zu jedem Wort einen oder zwei Sätze. Suche dazu eine passende Pflanze.

Die Pflanzen im und am Weiher
sind nicht nur schön anzuschauen,
sie haben auch wichtige Funktionen
im Lebensraum.

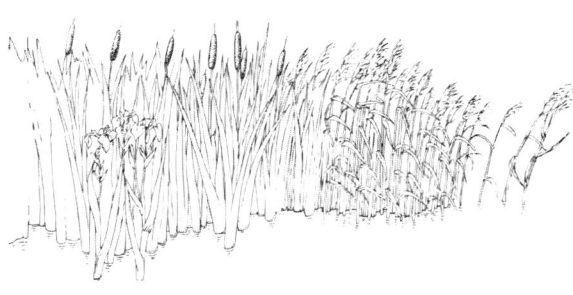

Schatten

_____
_____
_____
_____

Eiablage

_____
_____
_____
_____

Brutstätte

_____
_____
_____
_____

Sitzgelegenheit

_____
_____
_____
_____

Versteck vor Feinden

_____
_____
_____
_____

Nahrung

_____
_____
_____
_____

Nicole Brauer: Tiere und Pflanzen in Weiher und Teich
© Auer Verlag

Bäume

Logical

Lies genau und fülle die Tabelle mit den unterstrichenen Wörtern aus.

1. Im Frühling zeigt die <u>Salweide</u> hübsche pelzige <u>Blütenkätzchen</u>. Sie sind die erste Nahrung für Bienen und Schmetterlinge.

2. Der <u>Teichrohrsänger</u> singt seine Lieder nicht auf dem Baum mit dem <u>weiß gefleckten</u> Stamm.

3. Zwischen der <u>Esche</u> und der <u>Schwarzerle</u> steht eine <u>Hängebirke</u>.

4. Der Baum mit dem <u>grauen</u> Stamm steht zwischen dem Baum mit den <u>dreieckigen</u> Blättern und der <u>Salweide</u>.

5. Am Baum, dessen Stamm eine <u>glatte</u>, <u>grüngraue</u> Rinde zeigt, wachsen Blätter mit einer <u>filzigen</u> <u>Unterseite</u>.

6. Der <u>Fuchs</u> wohnt am liebsten unter dem Wurzelwerk des Baumes, der im Herbst tausende kleine, hellbraune <u>Fruchtschuppen</u> abwirft.

7. Der Stamm der <u>Schwarzerle</u> ist <u>dunkelbraun</u> und <u>rissig</u>.

8. Die <u>Libelle</u> ruht sich heute auf den <u>gefiederten</u> Blättern der Esche aus.

9. Die <u>Flügelnüsschen</u> gehören nicht an den ersten Baum.

10. Die <u>Erdkröte</u> sitzt im Schatten des Baumes mit den <u>eiförmigen</u> Blättern.

11. Die Blätter des zweiten Baumes sind <u>dreieckig</u>.

An welchem Baum wachsen kleine <u>dunkle Zäpfchen</u>? _____

Frösche

Gedichte

Ein großer Teich war zugefroren;
Die Fröschlein, in der Tiefe verloren,
Durften nicht ferner quaken noch springen,
Versprachen sich aber, im halben Traum:
Fänden sie nur da oben Raum,
Wie Nachtigallen wollten sie singen.
Der Tauwind kam, das Eis zerschmolz,
Nun ruderten sie und landeten stolz
Und saßen am Ufer weit und breit
Und quakten wie vor alter Zeit.

J. W. Goethe

Der Frosch sitzt in dem Rohre,
der dicke, breite Mann,
und singt sein Abendliedchen,
so gut er singen kann.
Quak, quak!

Er meint, es klingt gar herrlich,
könnts niemand so wie er;
er bläst sich auf gewaltig,
meint wunder, was er wär.
Quak, quak!

Mit seinem breiten Maule
fängt er sich Mücken ein,
guckt mit den dicken Augen
froh nach der Sonne Schein.
Quak, quak!

Das ist ein ewig Quaken;
er wird es nimmer müd,
solange noch ein Blümchen
im Wiesengrunde blüht.
Quak, quak!

Herr Frosch, nur zugesungen!
Er ist ein lustger Mann;
im Lenz muss alles singen,
so gut es singen kann.
Quak, quak!

Christian Dieffenbach

Nicole Brauer: Tiere und Pflanzen in Weiher und Teich
© Auer Verlag

Wellen schlägt, was sich bewegt

Gedicht

Springt der kleine Fisch
mit dem winzigen Mäulchen
mal kurz nur in die Höh',
schnappt der kleine Fisch
mit dem winzigen Mäulchen
kurz Luft nur überm See,
wirst du staunend sehn,
dass da Kreise entstehn
und der See leichte Wellen schlägt,
weil der kleine Fisch
mit dem winzigen Mäulchen
den großen See bewegt.

Nimm den Kieselstein,
halt ihn in deinen Händen,
bis ruhig schläft der Teich.
Fällt dein Kieselstein
dir dann aus deinen Händen,
wird wach der Teich sogleich.
Und du kannst wieder sehn,
dass gleich Kreise entstehn,
und der Teich leichte Wellen schlägt,
weil dein Kieselstein,
der so winzig und klein ist,
den großen Teich bewegt.

Rolf Krenzer

Was oder wer kann im Weiher auch Wellen auslösen?
Schreibe eigene Beispiele auf:

_____

_____

_____

_____

Quiz

Kreuze alle passenden Antworten an.

Ein Kescher ist	ein Unterwasser-Sichtgerät.	
	eine Dosenlupe.	
	ein Fangnetz.	

Seerosenblätter sind wunder-bare Sitzplätze für	Libellen.	
	Fische.	
	Frösche.	

Ein Eisvogel	liebt zugefrorene Seen.	
	pickt gerne an Eiszapfen.	
	schnappt blitzschnell zu.	

Zu den Pflanzen, die am Uferrand wachsen, gehören	Rohrkolben.	
	Schwarzerlen.	
	Wasserlinsen.	

Welche Verben passen zu der Posthornschnecke?	kriechen	
	säubern	
	raspeln	

Krötenweibchen legen die Eier	einzeln ab.	
	in Klumpen ab.	
	in Schnüren ab.	

Welche Jungtiere sind schon im ersten Sommer selbstständig?	Schwäne	
	Kröten	
	Molche	

Der Wasserläufer ist	ein Wasserinsekt.	
	eine Wasserspinne.	
	eine Wasserbiene.	

Libellenlarven	atmen mit Kiemen.	
	häuten sich.	
	sind richtige Flugkünstler.	

Nicole Brauer: Tiere und Pflanzen in Weiher und Teich

Immer diese Fragen!* (1)

Was heißt nachtaktiv? Schreibe 3 Tiere auf, die nachtaktiv sind.

Im Lebensraum Weiher haben auch Pflanzen ihre Aufgaben.
Schreibe 3 Beispiele auf.

Schreibe 3 Regeln auf, die du in der Natur oder im Naturschutzgebiet einhältst.

Zähle 5 Vögel auf, die gerne im oder am Wasser leben.
Beginne mit dem größten.

Immer diese Fragen!* (2)

Warum sieht man im Winter keine Kröten und Frösche?

Warum werden Libellen als Flugkünstler bezeichnet?

Beschreibe in kurzen Sätzen eine Krötenentwicklung.

Erkläre den Begriff „Froschkonzert".

Nicole Brauer: Tiere und Pflanzen in Weiher und Teich

Larven der Stechmücke

Beobachten

Material: Becherlupe, Notizmaterial

Gute Beobachtungszeit ist ab Mitte Mai in allen stehenden Gewässern.

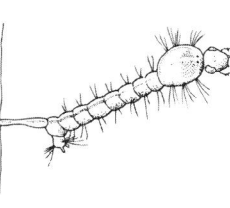

1. Suche unter der Wasseroberfläche nach Stechmückenlarven und fange sie mit der Becherlupe ein.

2. Beobachte: Wird die Larve erschreckt, taucht sie ab. Die Atemluft wird knapp – sie taucht wieder auf.

3. Vergleiche die Larve mit der Zeichnung. Findest du das Atemrohr?

4. Wie groß ist deine Larve? Messe sie aus.

5. Zeichne ein Kind, das schnorchelt und eine Stechmückenlarve. Vergleiche!

6. Schütte die Larve am Fundort wieder zurück.

Die Larve verpuppt sich nach etwa 3 Monaten und wird dann eine Mücke. Hast du gewusst, dass nur die Weibchen stechen? Nur wenn sie Blut bekommen, können die Eier reifen. Die Männchen leben in Schwärmen und ernähren sich von Pflanzensäften.

Libellen

Beobachten

Material: Notizmaterial, Lupe

Libellen beobachtest du am besten an warmen sonnigen Sommertagen. Schlüpfende Libellen findest du am frühen Morgen an besonnten Stellen.

1. An Schilfhalmen findest du verlassene Larvenhüllen. Löse sie vorsichtig von der Pflanze und betrachte sie mit einer Lupe. Zeichne sie ab. Beschreibe sie (Fundort, Farbe, Kiemen, Anzahl Beine). Wo genau wurde die Hülle aufgerissen?

2. Beobachte fliegende Libellen. Beschreibe die verschiedenen Flugarten. Beobachte, wie sie jagen. Welche Farben hat der Körper deiner Libelle?

3. Flügelform und Flügelstellung: Zeichne die Libelle in der Ruhephase. Ist es eine Klein- oder eine Großlibelle? Mit einem Bestimmungsbuch findest du vielleicht sogar den Namen der Libelle.

4. Vergleiche deine Skizzen und Beschreibungen mit den andern Kindern. Ergänze, was du vergessen hast und gestalte ein Libellenblatt.

51

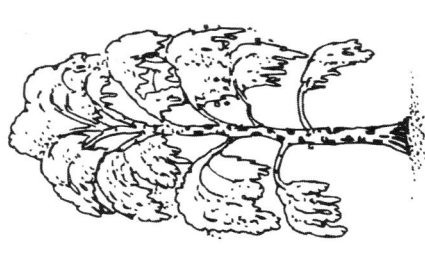

Bäume am Weiher

Beobachten

Material: Schreibunterlage, Notizmaterial, Messband, Bestimmungsbücher

1. Wähle einen Baum aus und schau seine Form ganz genau an. Zeichne die Umrisse auf.

2. Miss den Umfang des Stammes und beschreibe die Beschaffenheit und Farbe der Rinde.

3. Schau dir die Blätter des Baumes an. Zeichne ein Blatt nach. Beschreibe die Form, die Farbe, und zwar von der Oberseite und der Unterseite des Blattes. Zwei hübsche Blätter nimmst du mit. Presse sie und klebe sie zu deinen Beobachtungen.

4. Gestalte ein Baumposter (evtl. A3). Den Namen des Baumes gestaltest du als Titel.

5. Vielleicht gibt es im Schulzimmer oder im Flur des Schulhauses eine Baum- und Sträucherausstellung?

Steckbrief Pflanze

Beobachten/Partnerauftrag

Material: Pflanzenbuch oder Lexikon mit Weiherpflanzen, Notizmaterial, Fotokamera, Feldstecher

1. Versucht, 10 Pflanzen zu bestimmen. Das heißt, ihr findet heraus, wie die Pflanzen heißen. Vergleicht mit Abbildungen aus dem Infoheft oder Pflanzenbuch.

2. Wählt eine Pflanze aus.

3. Beschreibt den Standort der Pflanze. Wie sieht die Pflanze aus?

4. Fotografiert die Pflanze oder zeichnet sie ab. Wie wachsen die Blätter aus den Stängeln, wie sind die Blattformen?

5. Sucht später in Büchern oder im Internet weitere Informationen.

6. Findet folgende Angaben:
   Wann und wie blüht sie?
   Was sind ihre Früchte?
   Welchen Tieren dient sie?

7. Gestaltet den Pflanzennamen als hübschen Titel.

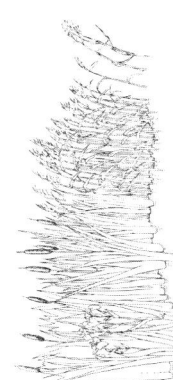

Nicole Brauer: Tiere und Pflanzen in Weiher und Teich
© Auer Verlag

Steckbrief Tier

Beobachten/Partnerauftrag

Material: Uhr, Notiz- und Zeichenmaterial, Fotokamera, Feldstecher

1. Sucht euch am Ufer einen ruhigen Ort und setzt euch bequem hin.

2. Schließt die Augen und konzentriert euch 5 Minuten auf Geräusche. Notiert, was ihr erkennt.

3. Wählt ein Tier, das ihr seht und das euch interessiert.

4. Beobachtet das Tier und schreibt eure Beobachtungen auf: Wo und wann habt ihr es beobachtet? Wie sieht es aus? Wie verhält es sich? Was tut es?

5. Versucht, das Tier zu fotografieren oder zu zeichnen. Wenn das nicht gelingt, findet später ein Bild.

6. Sucht Informationen über euer Tier in Büchern oder im Internet. Notiert die Informationen, die euch interessieren.

7. Findet folgende Angaben: Wovon ernährt sich das Tier? Wie jagt es? Welches sind seine Feinde? Wie schützt es sich? Wie verbringt es den Winter?

8. Gestaltet ein Poster und stellt das Tier den anderen vor.

Kleine Wassertiere

Beobachten/Partnerauftrag

Material: Unterwasser-Sichtgerät, Kescher (Fangnetz), Sieb, Becherlupe, Pinsel, weißer Teller, Notizmaterial

Wassertiere sind richtige Versteckkünstler. Sie müssen zuerst gefunden werden. Verwendet dazu euer Unterwasser-Sichtgerät.

Fangt die freischwimmenden Tiere mit dem Kescher (das ist ein Fangnetz). Tipp: Schleicht euch wie Indianer an – sonst sind die Tiere weg.

Mit einem Küchensieb sucht ihr die Uferregion und den Schlammboden ab. Viele Tiere verstecken sich unter Holz und Steinen. Gebt das Material in einen weißen Teller, der mit Teichwasser gefüllt ist. Mit einem feuchten Pinsel setzt ihr die ganz kleinen Tiere in die mit Teichwasser gefüllte Becherlupe.

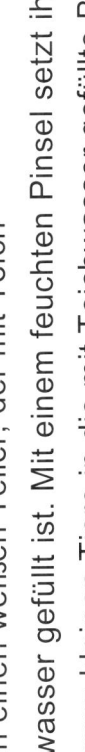

Beobachtet die Tiere und zeichnet sie ab. Wenn ihr sie nicht kennt, gebt ihnen Fantasienamen.

Wichtig: Lasst die Tiere nach spätestens 10 Minuten wieder an der gleichen Stelle frei.

Miniteich mit Schnecken

Forschen/Gruppenauftrag

Material: großes Gefäß aus Glas, Sand, Schlamm, Kies, Steine, Teichwasser, Wasserpflanzen, Wasserschnecken

1. Bedeckt den Boden des Gefäßes mit Sand, Schlamm und Kies.

2. Gießt vorsichtig Weiher- oder Teichwasser hinein.

3. Setzt ein paar Wasserpflanzen hinein. Sie liefern den nötigen Sauerstoff.

4. Gebt den Pflanzen mit ein paar Steinen Halt.

5. Stellt euren Miniteich ans Licht, nicht aber an die direkte Sonne.

6. Jetzt dürft ihr Schnecken, Insektenlarven oder sogar eine Teichmuschel hineingeben.

7. Schreibt eure Beobachtungen auf.

8. Schaut mit Lupen, wie die Schnecken mit ihren rauen Zungen den Algenbelag von der Scheibe raspeln.

9. Zeichnet die Schnecke mit Mund und Zunge.

Sauerstoffproduktion

Forschen/Partnerauftrag

Material: Glas, Sand oder Steinchen, zwei bis drei Stücke einer Wasserpest

Mithilfe des Sonnenlichtes verwandeln auch Wasserpflanzen das Gas, das Menschen und Tiere ausatmen (Kohlendioxid), in Sauerstoff. Sauerstoff atmen Menschen und Tiere ein, er ist für uns alle lebensnotwendig.

1. Füllt ein wenig Sand oder Steinchen in ein Glas. Setzt die Wasserpest hinein.

2. Gießt vorsichtig Wasser in das Glas und stellt es an die Sonne. Ihr könnt den Versuch auch mit einer Tischlampe machen.

3. Schreibt eure Beobachtungen auf. Stellt das Glas auch einmal in eine düstere Ecke.

4. Was würde geschehen, wenn es in einem Weiher keinen Sauerstoff mehr gibt?

Zusatz: Messt die Länge der Pflanzenstücke. Führt eine Liste mit Angabe von Datum und Länge. Messt je einmal pro Woche.

Nicole Brauer: Tiere und Pflanzen in Weiher und Teich

© Auer Verlag

Wasserläufer

Forschen

Material: Notizpapier, Trinkhalm

1. Suche einen Wasserläufer. Bei sonnigem Wetter findest du ihn auf der Wasseroberfläche.

2. Beobachte seine Beine und seine Fühler. Zeichne sie und achte auf die Länge.

3. Warum ist der Wasserläufer keine Wasserspinne?

4. Kannst du Flügel entdecken?

5. Warum hat dieses Tier den Namen Wasserläufer und warum geht er nicht unter? Schreibe eine Erklärung. (siehe Versuch „Die schwimmende Nadel")

Die Wasserläufer warten auf Insekten, die ins Wasser fallen. Sie nehmen feinste Schwingungen wahr.

1. Bewege einen dünnen Ast im Wasser.

2. Blase sachte durch einen leicht ins Wasser getauchten Trinkhalm und erzeuge feine Wellen.

3. Wie reagieren die Wasserläufer?

Die schwimmende Nadel

Forschen

Material: ein Teller mit Wasser, Nähnadel, Gabel

1. Lege die Nähnadel auf die Gabel.

2. Lege beides vorsichtig in den Teller mit Wasser.

3. Ziehe die Gabel langsam weg.

4. Was passiert?

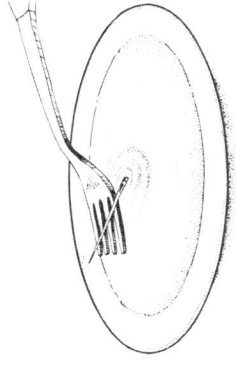

Erklärung: Wasser besteht aus vielen kleinen Wasserteilchen. Sie sind an der Oberfläche enger miteinander verbunden und bilden so eine Art Haut. Man nennt das die Oberflächenspannung. Auf dieser Haut schwimmt die Nadel.

Zusatz:

1. Wenn deine Nadel schwimmt, gib ein paar Tropfen Spülmittel ins Wasser.

2. Beobachte, was passiert.

Erklärung: Seife löst die Oberflächenspannung auf. Die Wasserteilchen können die Nadel nicht mehr halten. Die Nadel sinkt.

55

Spuren suchen

Forschen/Partner- und Gruppenauftrag

Material: Fähnchen o. Ä. zum Markieren, Naturführer zum Bestimmen der Spuren

mögliche Spuren: Hasenkot, Rehkot, Wespennest, Vogelnest, Vogeleierschale, Federn, Fichtenzapfen angenagt (von Eichhörnchen), Haselnuss angenagt (Maus), Holzspäne vom Schwarzspecht, angenagte Zweige (Hase), Abfall Mensch, Hundekot, Maushügel, Knochenreste usw.

1. Grenzt euer Gebiet selbstständig ab. Es soll nicht zu groß sein.

2. Sucht in kleinen Gruppen (2–3 Kinder) aufmerksam nach Spuren (am Boden, in Büschen und Gras, auf Bäumen).

3. Sucht mit den Augen Zentimeter um Zentimeter ab.

4. Steckt ein Fähnchen zu jeder Spur.

5. Welche Spuren könnt ihr eindeutig bestimmen? Zeichnet sie ab oder fotografiert sie.

6. Schaut euch auch die Spuren anderer Gruppen an.

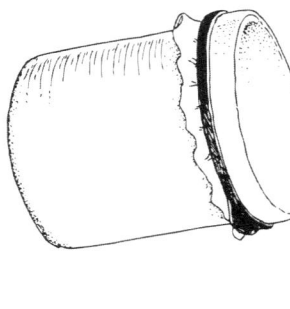

Unterwasser-Sichtgerät

Forschen/Partnerauftrag

Material: Konservendose ohne Boden und ohne Deckel, starke Klarsichtfolie, mehrere Gummibänder

Spannt die Folie straff über die Dose und fixiert sie mit den Gummibändern.

Variante: Kartonrohr, durchsichtiger Plastiksack, Gummiring

Spannt den Plastiksack straff über das Kartonrohr und fixiert ihn mit mehreren Gummibändern.

Der Kartonteil darf nicht mit dem Wasser in Berührung kommen.

Probiert euer Unterwasser-Sichtgerät an einem Tümpel, Weiher oder Teich aus und schreibt oder zeichnet auf, was ihr beobachtet habt.

Erklärung:

Wenn ihr euer Sichtgerät ins Wasser drückt, wölbt sich die Folie nach innen und dadurch entsteht eine Linse eines Vergrößerungsglases. So könnt ihr Dinge unter Wasser beobachten. Ihr habt jetzt eine Unterwasserlupe.

Nicole Brauer: Tiere und Pflanzen in Weiher und Teich

Wasserqualität

Forschen/Partnerauftrag

Material: PH-Messstreifen (Apotheke, Drogerie), Notizmaterial, Pflanzenbestimmungsbücher

1. Taucht einen PH-Messstreifen kurz ins Wasser.

2. Vergleicht die Farbe des Streifens mit der Bewertungstabelle.

3. Ein PH-Wert zwischen 6–9 bedeutet, dass der Weiher gesund ist. Die meisten typischen Wasserbewohner fühlen sich wohl in diesem Gewässer.

4. Ist der Wert viel größer als 7, handelt es sich um ein basisches Gewässer. Dieses Wasser enthält viel Kalk – aber es kann auch Seife und Waschmittel im Wasser sein – das mögen die Tiere und Pflanzen nicht.

5. Ist der PH-Wert deutlich kleiner als 7, habt ihr ein saures Wasser entdeckt. In stark übersäuertem Wasser können die Tiere nicht leben.

Schreibt eure Beobachtungen auf und benennt Tiere und Pflanzenarten, die ihr im untersuchten Gewässer findet.

Im Internet oder in Büchern findet ihr Bilder und Beschreibungen der Lebewesen.

Wassertemperatur

Forschen/Partnerauftrag

Material: Thermometer, Schnur

1. Bindet das Thermometer an eine Schnur.

2. Messt die Wassertemperatur an verschiedenen Stellen: sonnige, schattige, flache und tiefe Stellen.

3. Ihr braucht dazu nicht im Wasser zu stehen. Werft das Thermometer vorsichtig an die Stelle, an der ihr messen wollt.

4. Berechnet auch die Temperaturunterschiede von der Wasseroberfläche und der Tiefe des Weihers.

5. Damit das Thermometer wirklich sinkt, bindet ihr noch etwas Schweres wie z. B. einen Stein an die Schnur.

6. Führt ein Protokoll:

Datum/Uhrzeit   Beschreibung der Stelle   Temperatur

Hinweis:

Je kälter das Wasser, desto sauerstoffhaltiger ist es. Das heißt, die Tiere haben mehr Sauerstoff zum Atmen.

Jahreskalender

Gestalten/Einzel- oder Gruppenauftrag

Material: Fotoapparat

1. Wenn du in der Nähe eines Weihers oder Teichs wohnst, kannst du einen interessanten Kalender gestalten. Wäre das nicht ein hübsches Weihnachtsgeschenk?

2. Suche eine Stelle am Weiher, die dir besonders gefällt. Merke dir den Platz gut.

3. Jetzt versuchst du, z. B. immer am Anfang des Monats diese Stelle aufzusuchen und den Weiherausschnitt zu fotografieren.

4. Fotografiere zu verschiedenen Tageszeiten (morgens, kurz vor der Dämmerung, bei Sonnenuntergang).

5. Fotografiere auch kleine Einzelheiten, die du dann nach Belieben im Kalender präsentieren kannst.

6. Deiner Fantasie sind bei der Gestaltung des Kalenders keine Grenzen gesetzt.

Floße und Schiffe bauen

Gestalten/Partnerauftrag

Material: Naturmaterialien, evtl. eine Naturschnur

Bastelt ein Schiff oder ein Floß aus Naturmaterialien. Ihr dürft höchstens eine Schnur, die sich zersetzt, zu Hilfe nehmen.

Achtung: Wenn ihr Schilf verwendet, denkt daran, dass die Blätter sehr scharfkantig sind. Ihr könnt euch schneiden.

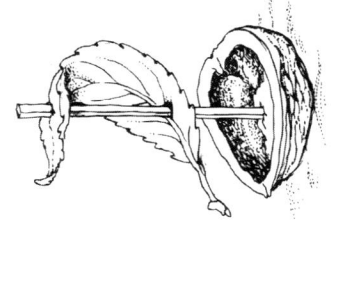

Nicole Brauer: Tiere und Pflanzen in Weiher und Teich

Steintiere

Gestalten/Partnerarbeit

Material: verschiedene Steinformen, Plastilin, Klebstoff (Zweikomponentenkleber, der sofort trocknet), wasserfeste Farben

1. Sammelt verschiedene Steinformen. Achtet darauf, dass die Oberfläche glatt ist.

2. Gestaltet Tierformen, wie Schildkröten, Fische, Enten oder Frösche.

3. Klebt die kleineren Steine für Beine oder Kopf an den Körper. Mit Plastilin könnt ihr die Steine abstützen – so kommen sie nicht ins Rutschen.

4. Lasst den Klebstoff gut trocknen.

5. Bemalt eure Tiere naturgetreu oder nach eurer Fantasie.

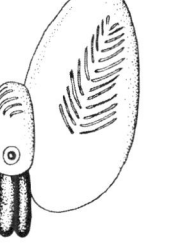
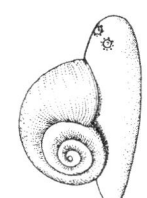

Falls die Steine Fettflecken vom Plastilin haben, könnt ihr sie mit Reinigungsbenzin abreiben.

Mandala

Gestalten/Gruppenauftrag

Material: Kieselsteine, Steine, Blätter, Gräser, Zäpfchen, Schneckenhäuser und andere Naturmaterialien

Achtung: keine Pflanzen ausreißen.

1. Sprecht euch ab, welche Materialien ihr sammeln wollt und dürft.

2. Jeder von euch sammelt von einer Sorte.

3. Tragt die Objekte zusammen und sucht einen flachen freien Platz, an dem ihr das Mandala oder das Bild auslegen könnt.

4. Zeichnet, z.B. mit einer Schnur, einen Kreis ein.

5. Legt ein Mandala oder ein hübsches Bild.

6. Fotografiert euer Kunstwerk.

7. Ihr dürft es liegen lassen, da ihr ja nur Natur-materialien verwendet habt.

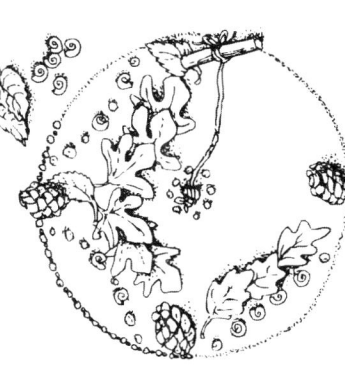

Variante: Legt eine Spirale oder ein Labyrinth.

© Auer Verlag

Kimspiel Naturmaterialien

Spielen/Gruppe (3–4 Mitspielende)

Material: großes einfarbiges Tuch, Fundsachen vom Weiher und von der Uferzone (z. B. Vogelnest, Eierschale, Feder, angenagter Zapfen, Nuss, Zweig, Rinde, Abfall von Menschen, Baumblatt, Pflanzenblatt usw.)

Achtung: Nehmt ausschließlich Sachen, die ihr auf dem Boden findet. Reißt nicht unnötig Äste und Zweige ab. Seid sorgsam mit eurer Umgebung, ihr seid Gäste.

1. Benennt eure Fundsachen. Wo genau habt ihr sie gefunden?

2. Legt die Materialien auf dem Tuch aus und schaut sie genau an.

3. Gruppe A dreht sich um oder geht weg. Gruppe B vertauscht zwei Gegenstände, entfernt zwei bis drei Sachen oder gibt etwas dazu.

Gruppe A dreht sich um oder kommt zurück. Wer findet heraus, was fehlt oder was anders ist?

Frisbee spielen

Spielen/Gruppe (3–4 Mitspielende)

Material: Messband, Taschenmesser

1. Sucht Weidenbüsche und knickt oder schneidet 3 dünne, lange Weidenruten ab (ca. je 60 cm).

2. Schält die Weidenruten.

3. Flechtet die Weidenruten zu einem Zopf.

4. Steckt die Enden so zusammen, dass sich der Zopf zu einem Ring schließt.

5. Bindet den Ring mit der geschälten Rinde zusammen.

Variante: Mit Birkenzweigen, die ihr am Boden findet, lassen sich auch Ringe formen.

Ringe werfen:
Steckt mehrere Stöckchen in die Erde. Von einer Standlinie aus versucht ihr, die Ringe über die Stöckchen zu werfen.

Frisbee spielen:
Werft euch den Ring abwechselnd zu und versucht, diesen mit einem Stöckchen, mit der Hand oder mit dem ausgestreckten Arm zu fangen.

Nicole Brauer: Tiere und Pflanzen in Weiher und Teich
© Auer Verlag

Weiherwesen

Gestalten/Gruppe

Material: Naturmaterialien, evtl. Schnur

1. Gestaltet ein Weiherwesen mit Naturmaterialien. Gebt ihm einen Namen. Ihr habt eine halbe Stunde Zeit.

2. Stellt eure Figur den andern vor. Wie heißt sie? Wo lebt sie? Wie ernährt sie sich? Wer sind ihre Freunde? Wer sind ihre Feinde?

3. Jetzt erfindet ihr eine Fantasiegeschichte, in der euer Weiherwesen die Hauptrolle spielt.

4. Ein ausgewähltes Kind beginnt mit dem ersten Satz.

5. Reihum geht es weiter. Jedes Kind hängt einen Satz an. Wenn ihr gut aufeinander hört, entwickelt sich die Geschichte und bekommt immer wieder überraschende Wendungen.

6. Wer findet den Schlusssatz?

Variante: Ihr könnt beim Geschichteerzählen einen Schnur- oder Wollknäuel weitergeben, haltet die Schnur bzw. die Wolle aber in euren Händen. So entsteht ein Spinnennetz, das immer dichter wird.

Tierrätsel

Spielen/Gruppe

Material: Zettel, Klebeband

1. Bildet eine Gruppe von mindestens fünf Kindern.

2. Jedes Kind schreibt einen Tiernamen aus dem Lebensraum Weiher und Teich auf einen Zettel.

3. Jedes Kind klebt seinen Zettel einem anderen Kind auf den Rücken, ohne dass dieses den Namen sieht.

4. Das Ziel ist, herauszufinden, welches Tier auf dem eigenen Rücken steht.

Schwan   Molch   Mücke

5. Die Fragen dürfen von den Kindern nur mit ja oder nein beantwortet werden.

6. Jedes Kind darf die andern Kinder so lange fragen, bis die Antwort „nein" heißt. Dann ist das nächste Kind an der Reihe.

7. Wenn die ersten drei Kinder ihr Tier herausgefunden haben, dürfen sie den anderen Tipps geben.

Lösungen

Gewässer Fragen

Es sind mehrere Lösungsformen möglich.
Tümpel sind kleiner als Weiher.
Ein Teich ist ein künstlich angelegter Weiher.
Ab und zu muss ein Teich entleert werden. Es wachsen sonst zu viele Pflanzen.
Bei uns in Deutschland gibt es keine Seen mit Salzwasser.
Im Tümpel leben keine Fische.
Oder: In Weihern, Seen und Meer leben viele verschiedene Arten von Fischen.
Ein Strom ist ein breiter Fluss, der ins Meer mündet.

Frage: Welche stehenden Gewässer kennst du?
Antwort: Tümpel, Teich, Weiher, See, Meer
Frage: Warum gibt es in kleinen flachen Gewässern große Temperaturschwankungen?
Antwort: Das Wasser erwärmt sich rasch und kühlt auch schnell wieder ab. Es ist direkt den Wettertemperaturen ausgesetzt.

Besuch im Naturschutzgebiet

Weißt du, wozu diese Regeln dienen? Schreibe für zwei Regeln eine Begründung.
Die meisten Regeln werden gemacht, damit die Tiere in Ruhe gelassen werden. Nur so können sie sich vermehren und bleiben am Leben. Viele dieser Tierarten sind geschützt, das heißt, es gibt nicht mehr viele davon. In Naturschutzgebieten haben sie eine Chance, nicht ganz auszusterben.
Es gibt auch Regeln, die für den Schutz der Pflanzen sind. Wie schnell sind Stängel geknickt oder Seerosen beschädigt.

Pflanzen und Tiere

Pflanzen	Tiere
Pfaffenhütchen	Teichrohrsänger
Rohrkolben	Erdkröte
Seerose	Teichmuschel
Laichkraut	Rückenschwimmer
Trauerweide	Posthornschnecke
Salweide	Stockente
Schwertlilie	Höckerschwan
Wasserlinse	Köcherfliege
Schwarzerle	Eisvogel
Wasserpest	Graureiher
	Wasserläufer
	Gelbrandkäfer

Libelle Flirr Lesekontrolle

Womit atmen Libellenlarven?
Sie atmen mit den Kiemen.

Was fressen Libellenlarven?
Sie fressen andere Larven, Kaulquappen, Krebse und kleine Fische.

Was geschieht, wenn die Larvenhaut zu eng wird?
Die Libellenlarven stoßen die alte Haut ab; sie häuten sich.

In welcher Jahreszeit schlüpfen die Libellen?
Sie schlüpfen im Frühling.

Was ist ein Fangkorb?
Mit den drei Beinpaaren bildet die Libelle einen Fangkorb und hält so ihre Beute fest.
Das kann sie auch im Flug tun.

Wie lange leben die Larven von Großlibellen im Wasser?
Sie verbringen 2–3 Jahre, zum Teil bis 5 Jahre im Wasser, bevor sie sich zum
Vollinsekt verwandeln.

Welche Gefahren lauern bei der Umwandlung von der Larve zum Insekt?
Die Libelle ist zu diesem Zeitpunkt weich und schutzlos. Für Vögel, Mäuse und
Eidechsen ist sie ein Leckerbissen. Auch ein heftiger Regen kann sie wegspülen und
töten.

Wann und wo legt Flirr ihre Eier ab?
Die Libelle legt ihre Eier im Sommer ab. Sie sucht einen geschützten Pflanzenstängel im
oder am Wasser. Manchmal schlitzt sie die Stängel sogar auf.

Libelle Flirr Lesekontrolle*

Warum leben Libellen gerne in der Nähe von Wasser?
Hauptnahrung: Mücken und Fliegen (finden sich viele am Wasser)
Eiablage beim Wasser (die Larven leben im Wasser)

Libellenlarve – Libelle: Was verändert sich nach der letzten Häutung?
• 4 Flügel, die sie unabhängig voneinander bewegen kann
• Farbe wechselt von braun zu farbig schillernd
• riesige Kugelaugen mit großer Sehkraft

Was ist eine Metamorphose?
Umwandlung der Larve in die Form des erwachsenen Tieres: Kaulquappe – Frosch,
Libellenlarve – Insekt, Raupe – Schmetterling

Begründe, warum Libellen Flugkünstler sind.
- bewegen die vier Flügel unabhängig voneinander
- fliegen sehr schnell
- können in der Luft stehen bleiben
- fliegen rückwärts und sogar seitwärts
- können während des Fluges Beute fangen und verzehren

Wie unterscheiden sich die Großlibellen von den Kleinlibellen?
Großlibelle: lebt 2–3 Jahre als Larve im Wasser, hat die Flügel auch in der Ruhestellung ausgebreitet
Kleinlibelle: lebt nur 1 Jahr im Wasser, die Flügel sind in der Ruhestellung über dem Hinterleib zusammengefaltet

Kreislauf der Froschentwicklung

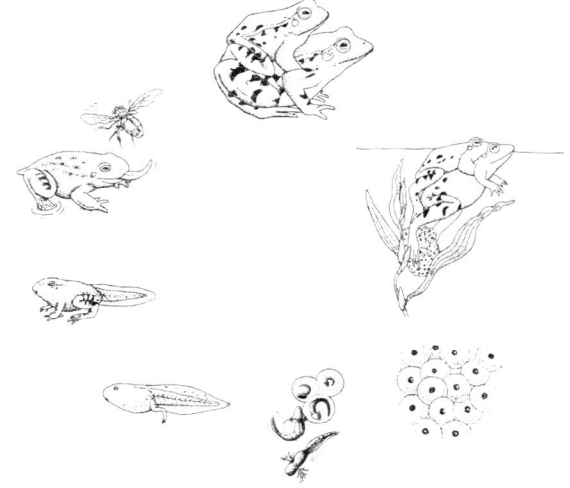

Amphibien

	Frosch	Kröte	Molch
Das ist ein Schwanzlurch.			X
Das Weibchen legt die Eier in Klumpen ab.	X		
Die Haut ist mit Warzen bedeckt.		X	
Die Larve atmet immer mit büschelförmigen Kiemen.			X
Die Eier, die das Tier legt, nennt man Laich.	X	X	(X)
Das Weibchen wickelt die Eier einzeln in Blätter ein.			X
Sie gehören zu den Froschlurchen.	X	X	
Die Larven ernähren sich nur von Wasserpflanzen.	X	X	
Die kalte Jahreszeit überbrücken sie in Winterstarre.	X	X	X
Das Männchen trägt ein „Hochzeitskleid".			X

Wie kannst du den Laich von Frosch und Kröte unterscheiden?
Froschlaich wird in Klumpen abgelegt. Man findet ihn oft in Ufernähe und im untiefen Wasser. Kröten legen ihren Laich in Schnüren um Pflanzenstängel und Äste.

Was sind Kaulquappen?
Kaulquappen sind die Larven von Kröten und Fröschen. Sie schlüpfen aus den Eiern und atmen mit Kiemen. Sie leben im Wasser bis zur Metamorphose. Sie ernähren sich vegetarisch.

Nenne drei Merkmale, die typisch sind für Amphibien.
- Larven leben im Wasser, erwachsene Tiere an Land (Kiemen- und Lungenatmung)
- sind wechselwarme Tiere, das heißt ihre Körpertemperatur passt sich der Umwelt an
- alle haben eine nackte, drüsenreiche Haut, die viel Feuchtigkeit braucht
- überwintern in Winterstarre

Geburtshelferkröte

Das Weibchen legt die Eier an Land ab.
Sofort kümmert sich das Männchen um den Nachwuchs.
Es rollt die Eierschnüre um seine Füße und bringt sie an einen verborgenen Ort.
Es bleibt mit seinen Eiern 20 bis 45 Tage im feuchtwarmen Versteck.
Der Kröterich sucht einen Tümpel und taucht mit seinen Eiern hinein.
Die Kaulquappen schlüpfen und bleiben im Wasser. Oft entwickeln sie sich erst im nächsten Frühling zu Kröten.

Hilfe für Amphibien

Welche Maßnahmen kennst du, die Kröten, Molche und Frösche schützen?

- Feuchtgebiete erhalten
- saubere, gesunde Weiher, Teiche und Tümpel
- Pflanzenvielfalt erhalten (Verstecke, Sauerstoffproduktion)
- keine oder nur kleine Fischbestände
- Strassen sperren während Laichwanderungen
- Amphibienzäune errichten und Tiere einsammeln und zu den Laichplätzen bringen
- Straßenunterführungen

Rund um die Ente

Stockenten findest du an Weihern, Teichen und Seen. Das Männchen (der Erpel) trägt ein farbenprächtiges Federkleid. Das Weibchen (die Ente) hat eine braun-grau gemusterte Tarnfarbe, die schützt. So wird es nicht gesehen, wenn es im Schilf brütet.
gründeln: So sagt man, wenn Enten und Schwäne mit dem Kopf ins Wasser tauchen und auf dem Grund des Weihers nach Nahrung suchen. Sie ernähren sich von Schnecken und Würmern, aber auch von Wasserpflanzen und Gras.

Schwimmfüße mit Schwimmhäuten machen die Enten zu ausgezeichneten Schwimmern. Ihre Federn bleiben trocken, weil sich die Enten immer wieder einfetten. Das Fett holen sie mit dem Schnabel aus der Bürzeldrüse.

Die Bürzeldrüse ist bei der Schwanzwurzel und produziert Fett.

Entenküken sind Nestflüchter. Sie verlassen ihr Nest, sobald sie ein paar Tage alt sind. Sie können von Anfang an schwimmen. Nach sechs Wochen sind auch die Flügel kräftig genug – die Enten können fliegen.

Eine Zeitungsente ist eine erfundene Nachricht, die in der Zeitung veröffentlicht wird. Donald Duck ist die wohl berühmteste und bekannteste Ente. Sie entstand 1934 in den Studios von Walt Disney.

Wie heißen diese Vögel?

Name	Teichrohrsänger	Eisvogel	Schwan	Ente (Erpel)
Farbe des Schnabels	braun	schwarz	orange	gelb
Nahrung	Beeren	kleine Fische	Wasserpflanzen	Pflanzen und Würmer

möglicher Lösungsweg: 4/7/9/6/2/8/3/1/5

Leben im Schlamm

Vertrocknete Gräser, tote Tiere, der Kot von verschiedenen Wasservögeln und viele andere Sachen sinken auf den Gewässerboden. Dort bildet sich Schlamm. Kleine Teichbewohner und Bakterien helfen mit den Teich zu reinigen. Die Tiere fressen und zerkleinern abgestorbene Pflanzenstücke. Die Schlammschnecke säubert mit ihrer Raspelzunge die Pflanzenstängel von Algen. Die Teichmuschel filtert trübes Wasser. Winzige Bakterien verwandeln den Schlamm in Nährstoffe für die Pflanzen. So können die Pflanzen wachsen und wieder Sauerstoff produzieren. Ohne Sauerstoff gibt es kein Leben in Weiher und Teich.

Bäume

Name des Baumes	Schwarzerle	Hängebirke	Esche	Salweide
Blätter	eiförmig	dreieckig	gefiedert	Unterseite filzig
Stamm	dunkelbraun, rissig	weiß gefleckt	grau	glatte, grüngraue Rinde
Blüten Früchte	Zäpfchen	Fruchtschuppen	Flügelnüsschen	Blütenkätzchen
Besucher	Erdkröte	Fuchs	Libelle	Teichrohrsänger

möglicher Lösungsweg: 11/4/1/3+7/8/5/10/2/6/9

An welchem Baum wachsen kleine dunkle Zäpfchen? <u>Schwarzerle</u>

Quiz

Ein Kescher ist	ein Unterwasser-Sichtgerät.	
	eine Dosenlupe.	
	ein Fangnetz.	X
Seerosenblätter sind wunderbare Sitzplätze für	Libellen.	X
	Fische.	
	Frösche.	X
Ein Eisvogel	liebt zugefrorene Seen.	
	pickt gerne an Eiszapfen.	
	schnappt blitzschnell zu.	X
Zu den Pflanzen, die am Uferrand wachsen, gehören	Rohrkolben.	X
	Schwarzerlen.	X
	Wasserlinsen.	
Welche Verben passen zu der Posthornschnecke?	kriechen	X
	säubern	X
	raspeln	X
Krötenweibchen legen die Eier	einzeln ab.	
	in Klumpen ab.	
	in Schnüren ab.	X

Welche Jungtiere sind schon im ersten Sommer selbstständig?	Schwäne	
	Kröten	X
	Molche	X

Der Wasserläufer ist	ein Wasserinsekt.	X
	eine Wasserspinne.	
	eine Wasserbiene.	

Libellenlarven	atmen mit Kiemen.	X
	häuten sich.	X
	sind richtige Flugkünstler.	

Immer diese Fragen!

Was heißt nachtaktiv? Schreibe 3 Tiere auf, die nachtaktiv sind.
- jagen in der Nacht, ruhen am Tag
- Kröte, Fuchs, Eule, Igel, Siebenschläfer, Nachtfalter, Dachs, Marder

Im Lebensraum Weiher haben auch Pflanzen ihre Aufgaben. Schreibe 3 Beispiele auf.
- Seerosenblatt – Sitzplatz
- Wasserpest – Versteck
- Schilfstängel – Halt für Libellenlarven (Metamorphose)
- Schilf – Versteck für Entennest
- Baum – Beobachtungsposten und Schutz für Vögel

Schreibe 3 Regeln auf, die du in der Natur oder im Naturschutzgebiet einhältst.
- Ich achte alle Lebewesen und gehe sorgfältig mit ihnen um.
- Ich zerstöre ihre Umgebung nicht.
- Ich lasse gefangene Tiere wieder am gleichen Ort frei.
- Ich lasse keinen Abfall liegen.

Das gilt zusätzlich für Naturschutzgebiete:
- Ich führe Hunde an der Leine.
- Ich mache nur an den vorgesehenen Stellen ein Feuer.
- Ich benutze die markierten Wege.
- Ich reiße keine Pflanzen aus und pflücke keine Blumen.
- Ich bade nur an den vorgesehenen Badeplätzen.

Zähle 5 Vögel auf, die gerne im oder am Wasser leben. Beginne mit dem größten.
Schwan, Graureiher, Ente, Eisvogel, Teichrohrsänger (Bachstelze, Möwe, Haubentaucher)

Warum sieht man im Winter keine Kröten und Frösche?
Sie verkriechen sich in Erd- oder Schlammlöcher. Sie verbringen die kalte Jahreszeit in Winterstarre. Das heißt, sie bewegen sich nicht mehr und ihr Herz schlägt ganz langsam. In ganz strengen Wintern können sie auch erfrieren.

Warum werden Libellen als Flugkünstler bezeichnet?
- bewegen die vier Flügel unabhängig voneinander
- fliegen sehr schnell
- können in der Luft stehen bleiben
- fliegen rückwärts und sogar seitwärts
- können während des Fluges Beute fangen und verzehren

Beschreibe in kurzen Sätzen eine Krötenentwicklung.
Das Krötenweibchen legt die Eier in langen Schnüren ab. In jedem Ei entwickelt sich eine winzige Kaulquappe. Sie schlüpft nach wenigen Tagen. Mit ihrem breiten Schwanz kann sie sich problemlos fortbewegen. Sie atmet mit Kiemen.
Die Kaulquappe frisst Algen von Steinen und Blättern. Bald wachsen die Hinterbeine. Die Vorderbeine entwickeln sich, der Schwanz bildet sich zurück. Die kleinen Kröten steigen zu Tausenden an Land. Sie messen etwa 1 cm. Sie atmen jetzt mit den Lungen und durch die Haut.

Erkläre den Begriff „Froschkonzert".
Nur Frosch- und Krötenmännchen können quaken. Sie haben eine oder zwei Schallblasen, die das Quakgeräusch verstärken. Während der Paarungszeit veranstalten die Männchen richtige „Froschkonzerte" und locken damit die Weibchen an. Die „Froschkonzerte" hört man am besten in der Abenddämmerung und in der Nacht.

Name: _____   Datum: _____

Marienkäfer-Muffins

Teig:
2 Tassen Mehl (250 g)
2–3 TL Backpulver
1/2 TL Natron
1 Tafel weiße Schokolade, geraspelt, ggf. Schokotröpfchen
1 Ei
2/3 Tasse Zucker (125 g)
1 Päckchen Vanillezucker
1/3 Tasse Pflanzenöl (80 ml)
1 Tasse Milch (250 ml)

Glasur und Dekoration:
250g Puderzucker, gesiebt
2–3 EL Himbeersaft, Erdbeersaft oder Johannisbeersaft
Schokotröpfchen
Ggf. Glasur in Tuben
Papierförmchen

Anleitung:

1. Mehl, Backpulver, Natron und weiße Schokolade zusammen in eine Schüssel geben und vermischen.

2. In einer anderen Schüssel das Ei aufschlagen und verquirlen, dann mit Zucker, Vanillezucker, Öl und Milch verrühren.

3. Die Mischung aus Mehl, Backpulver, Natron und weißer Schokolade dazugeben und kurz unterheben.

4. Den Teig in eine Muffinsform einfüllen, die mit Papierförmchen ausgelegt wurde. Die Muffins im vorgeheizten Backofen bei ca. 180° C Ober- und Unterhitze ca. 20 Minuten backen.

5. Für die Glasur den Puderzucker sieben, mit 2–3 EL Saft anrühren und auf die abgekühlten Muffins streichen, die Schokotröpfchen daraufsetzen. Nach dem Abkühlen des Gusses können die Muffins noch mit schwarzer Glasur aus einer Tube verziert werden.

Steckbrief Hase

Ich heiße: _____

So sehe ich aus: _____

Meine Größe: _____

Meine Beine: _____

Meine Ohren: _____

Mein Fell: _____

Ich lebe gerne: ☐ allein   ☐ in einer Gruppe

Ich lebe: _____

Wann suche ich nach Fressen? _____

Wann schlafe ich? _____

Mich gibt es selten, ich stehte unter Naturschutz.

Wolfgang Weiner: Tiere auf der Wiese, 1.–4. Klasse
© Auer Verlag – AAP Lehrerfachverlage GmbH, Donauwörth

AB 4 Steckbrief Hase